# VENZAMOS ESA AUTOIMAGEN NEGATIVA

Neil T. Anderson
Dave Park

Publicado por
Editorial Unilit
Miami, Fl. 33172
Derechos reservados

© 2004 Editorial Unilit (Spanish translation)
Primera edición 2004

© 2003 Neil Anderson y Dave Park
Originalmente publicado en inglés con el título: *Overcoming Negative Self-Image*
por Regal Books, una división de Gospel Light Publications, Inc.
Ventura, California 93006, USA.
Todos los derechos reservados.

© 2003 Neil Anderson and Dave Park
Originally published in the USA by Regal Books,
A Division of Gospel Light Publications, Inc.
Ventura, CA 93006, USA
All rights reserved.

Ninguna parte de esta publicación podrá ser reproducida, procesada en algún sistema que la pueda reproducir, o transmitida en alguna forma o por algún medio electrónico, mecánico, fotocopia, cinta magnetofónica u otro excepto para breves citas en reseñas, sin el permiso previo de los editores.

Traducción: Romina Arvelo
Edición: Rojas & Rojas Editores, Inc.
Fotografía de la cubierta por: DigitalVision

Las citas bíblicas se tomaron de la Santa Biblia, Versión Reina Valera 1960
© Sociedades Bíblicas Unidas; La Santa Biblia, Nueva Versión Internacional
© 1999 Sociedad Bíblica Internacional; y La Biblia, Versión Popular,
© Sociedades Bíblicas Unidas 1966, 1970, 1979, 1983.
Usadas con permiso.

Producto 496752
ISBN 0-7899-1166-3

Impreso en Colombia
*Printed in Colombia*

# DEDICATORIA

Dan Roelofs sabía quién era en Cristo y fue un ejemplo claro de lo que significa ser un Hijo de Dios. Yo, Dave, conocí a Dan en una conferencia en Estes Park, Colorado. ¡Era obvio que Dan amaba al Señor! Siempre conversábamos sobre la visión y la realización de nuestros sueños. En cierta ocasión le pregunté: «Dan, ¿qué quieres hacer de tu vida?» Recuerdo que hizo una pausa y contestó: «Para ser sincero contigo, quiero hacer lo que tú y Neil hacen: hablarle a la gente de Cristo y ayudarlos a encontrar su identidad y libertad *en Él*». «Entonces, ¿por qué no lo haces?» Le contesté, y le ofrecí un lugar en nuestro ministerio que recién comenzaba a dar sus primeros pasos. Durante los siguientes dos años, Dan viajó con nosotros a varias de nuestras conferencias; su madurez y semejanza a Cristo crecían mientras compartíamos esos momentos.

Cumpliendo con una promesa que le había hecho a Tami, su esposa, Dan aceptó un cargo como pastor de jóvenes y después sintió el llamado a edificar una iglesia. Dan y Tami tuvieron dos maravillosos niños y estaban muy felices con la vida que Dios les había dado. Incluso parecía que Dan había sobrevivido a un cáncer, pero la enfermedad regresó. Esta vez el tumor se había extendido por medio de su sistema linfático a todo su cuerpo. Dan tenía cáncer en los dos pulmones y en el hígado. Luego de que los tratamientos convencionales para estos casos fallaran, los doctores le aconsejaron que se fuera para la casa y resolviera los asuntos que pudieran estar pendientes.

Dan tenía suficiente confianza y fe en Cristo para enfrentarse a la muerte, pero preguntaba humildemente: «Señor, ¿es tu voluntad llevarme ahora?» En esos momentos, frente a la sentencia de muerte que le habían dado los médicos, tenía la paz que sólo el Señor puede darnos para preguntarle a Dios cuáles eran sus planes. Luchando contra el cáncer, Dan profundizó su conocimiento sobre su identidad y lugar en Cristo. Concluyó: «Toda esta aventura no tiene como fin liberarme del cáncer, sino saber más del Señor y conocer su voluntad». Mediante esta prueba, Dan aprendió a vivir día a día para la gloria y honra de Dios. Este maravilloso amigo, cristiano, pastor, esposo y padre está ahora con nuestro Señor y Salvador.

¡Dan, celebramos tu vida y entrega a nuestro Salvador! Tami, te amamos y sufrimos tu pérdida contigo.

*Por cuanto en mí ha puesto su amor, [dice el Señor]*

*yo también lo libraré;*

*Le pondré en alto, por cuanto ha conocido mi nombre.*

*Me invocará, y yo le responderé;*

*Con él estaré yo en la angustia;*

*Lo libraré y le glorificaré.*

*Lo saciaré de larga vida,*

*Y le mostraré mi salvación.*

SALMO 91:14-16

# CONTENIDO

    Agradecimientos      6
    Introducción      7

1. El síndrome del rechazo      9
2. El diseño original      23
3. Imagen quebrantada      34
4. El evangelio completo      48
5. Una nueva identidad      62
6. Mírese como realmente es      76
7. Un nuevo corazón y un nuevo espíritu      92
8. Lecciones de gracia      108

    Epílogo      121
    Notas      124

# Agradecimientos

Queremos expresarle nuestro agradecimiento por haber confiado en nosotros y haber comprado este pequeño libro. Oramos que su mensaje pueda serle de bendición y enriquecimiento en su vida en Cristo. Damos gracias a nuestro maravilloso Señor y Salvador por su amor, misericordia y gracia, que es el poder transformador de nuestra vida. Sin Él no seríamos nada y no tendríamos nada que decir. Agradecemos también a nuestras esposas, Joanne y Grace, por su apoyo y paciencia.

Finalmente, agradecemos al equipo de Regal Books: Bill Greig III, Kyle Duncan, Kim Bangs, Deena Davis, Nola Grunden, Steve Hahn, Elizabeth Wingate, Carole Maurer, Bayard Taylor, Rob Williams, KT Schuh y Steve Lawson. Trabajar con ustedes es como formar parte de una gran familia. Gracias por hacer esto posible.

# Introducción

¡Los libros pequeños son fáciles de leer y divertidos! Uno no siente que está haciendo un esfuerzo abrumador por leerlos. Terminar su lectura es una meta que podemos cumplir. Sin embargo, escribir un manuscrito más corto que los normales trae consigo un desafío diferente; queremos explorar las profundidades de quiénes somos en Cristo y saber cómo solucionamos nuestro problema de autoimagen negativa, tema sobre el cual podríamos escribir volúmenes enteros. A pesar del espacio limitado, el mensaje de este libro es indispensable para todo aquel que quiere vivir una vida libre en Cristo.

Mucha gente evita los libros que ofrecen secretos para el éxito o que afirman tener la solución para todos nuestros problemas. Nosotros también lo hacemos porque, generalmente, tales libros no logran cumplir con sus promesas. Así que es lógico que usted se pregunte: ¿Por qué este libro es diferente? Porque saber quiénes somos y conocer nuestro lugar en Cristo es una verdad fundamental del evangelio.

Tener a Cristo en nosotros, la esperanza de gloria (Colosenses 1:27) es pertinente para todo lo que hacemos y somos como cristianos. En nuestra vida cristiana hemos ayudado a cientos de personas heridas y, como conclusión, podemos decir que hay una verdad que ninguno de ellos reconoce: tienen muy poco conocimiento, cuando no escaso, de quiénes son en Cristo y no comprenden lo que significa ser un hijo de Dios. Esta ignorancia sobre la verdad espiritual da como resultado creencias negativas o exageradas sobre nosotros mismos y eso dificulta nuestro caminar diario con Dios.

Todos hemos experimentado alguna vez el rechazo y hemos tratado de ser alguien que no podemos mantener ni aceptar. En consecuencia, no nos sentimos bien con nosotros mismos. Todos los pastores y consejeros observan este tipo de autoimagen negativa en las personas con las cuales trabajan. La respuesta no es que la gente en esta condición se reponga por su cuenta y levante su autoestima. Esta es una manera de autoverificación y nunca es suficiente, pero Dios nos estima en gran manera y por ello nos podemos aceptar unos a otros por los méritos de Cristo. Todos podemos saber quiénes somos por la gracia del Señor, lo cual se logra mediante la humildad, no con orgullo.

Es nuestra oración que el mensaje de este libro lo ayude a reconocer la verdad sobre lo que realmente significa ser un Hijo de Dios. Creemos que nuestra aceptación, seguridad e importancia sólo pueden hallarse en nuestra relación eterna con Él. La base de la vida cristiana es saber quién es nuestro Padre celestial y quiénes somos con relación a Él.

Para facilitar la lectura, hemos utilizado el pronombre personal «yo», sin diferenciar si hace referencia a Dave Park o Neil Anderson. Los nombres, cargos y localidades utilizados en las historias se han modificado a fin de preservar el anonimato de los involucrados, pero todas las historias son reales.

CAPÍTULO 1

# EL SÍNDROME DEL RECHAZO

*Si tratamos de hallar la autoverificación de que somos algo
por medio nuestra apariencia, desempeño o condición social,
nunca estaremos completamente satisfechos. Cualquier ápice de autoidentidad
que logremos se desmoronará rápidamente bajo la presión del rechazo,
las críticas hostiles, la introspección, la culpa, el miedo o la ansiedad.
No podemos hacer nada para dar la talla para el subproducto de que
nos amen incondicional y voluntariamente.*

MAURICE WAGNER

Cierto día la familia DuPeire recibió una llamada de su pastor. Les contó sobre un niño de tres años que había visto mendigar y pedir comida en el barrio, nadie sabía exactamente cuánto tiempo hacía que lo habían abandonado a su suerte. La madre del niño estaba enferma de cáncer y lo abandonó, aparentemente pensando que Matt iba a estar mejor al cuidado del estado.

La familia DuPeire lo adoptó como hijo; vivía en su casa y recibía el cuidado y atención que todo niño de esa edad necesitaba, pero aun así lo acosaba una sensación de abandono. Los antiguos pensamientos inculcados desde su más tierna infancia carcomieron su autopercepción y moldearon su conducta. Cada comida parecía la última para él. Sentarlo tranquilamente a la mesa parecía una misión imposible: Matt juntaba en su plato la mayor cantidad posible de comida y comía todo lo que tenía enfrente.

Al observar estas conductas, los padres adoptivos de Matt buscaron ayuda para corregirlas. En la mesa, lo instaban a disfrutar cada bocado, degustar la comida en vez de tragarla y le mostraban que todavía tenían provisiones en la heladera y en la despensa. Los DuPeire pensaron que estas acciones terminarían con los problemas de Matt, pero no fue así. Unos días más tarde la madre adoptiva de Matt entró a su habitación y notó un olor extraño que provenía de la cama. Su primera opción fue pensar que tal vez los gatos habían entrado a la habitación y habían tenido un accidente, pero grande fue su sorpresa cuando encontró un sándwich de atún bajo la almohada. Ese había sido el almuerzo, ¡tres días atrás!

El entorno de Matt había cambiado completamente de inseguridad a seguridad, de rechazo a aceptación, de abandono a formar parte de una familia. Ya era un DuPeire. Tenía una nueva identidad y una familia que lo amaba y prometía cuidarlo, los sentimientos de Matt sobre él mismo y sobre el mundo no habían cambiado. Pasarían años antes de que Matt cambiara su forma de pensar y actuar.

Hoy Matt es un bien ajustado miembro de su familia adoptiva. La transición que hizo de un sistema familiar disfuncional a uno mucho más sano es similar a la transición que hacemos todos los cristianos cuando aceptamos la salvación. Fuimos trasladados del reino de la oscuridad al Reino del amado Hijo de Dios (véase Colosenses 1:13). Tenemos un nuevo Padre y una nueva familia, pero nuestra mente sigue programada para vivir en el reino de la oscuridad. Para corregir estas imágenes negativas que tenemos de nosotros, necesitamos entender cómo se vive en este mundo caído.

## Los reinos de este mundo

Todos nacimos muertos en nuestras transgresiones y pecados (véase Efesios 2:1). No teníamos la presencia de Dios en nuestra vida ni el conocimiento de sus manera de ser. En consecuencia, aprendimos a vivir independientes de Él. Al igual que Matt, quien durante su infancia luchó por sobrevivir sin sus padres, nosotros aprendimos a vivir sin Dios. Nuestra identidad y autopercepción están programadas en nuestra mente de acuerdo con nuestra reacción al orden natural de este mundo caído. Por eso Pablo dijo: «No se amolden al mundo actual, sino sean transformados mediante la renovación de su mente» (Romanos 12:2, NVI).

> LA RENOVACIÓN DE NUESTRA MENTE NO ALCANZA SU TOTALIDAD DESPUÉS DE ACEPTAR A CRISTO, Y CIERTAMENTE NO OCURRE NATURALMENTE.

La renovación de nuestra mente no alcanza su totalidad después de aceptar a Cristo, y ciertamente no ocurre naturalmente. No existe un botón con el cual podemos borrar todas las viejas cintas que hemos grabado durante los años de nuestro desarrollo natural. Los nuevos creyentes y los que no han crecido como tales son como era Matt. Tienden a gravitar hacia los viejos patrones de pensamiento y actúan conforme a ello.

Los reinos de este mundo varían dramáticamente de una cultura a otra, así como los sistemas familiares dentro de esas culturas. La familia anterior de Matt vivía en el mismo barrio que la familia adoptiva, pero sus culturas eran muy distintas. Los sistemas familiares y los sistemas culturales son increíblemente complejos y cada uno de ellos tiene su conjunto de creencias y valores. Muchos psicólogos y sociólogos han dedicado su vida profesional a tratar de comprender cómo funcionan estos sistemas sociológicos. Tratan de explicar por qué hacemos lo que hacemos como resultado del sistema en que nos criaron. No obstante, las personas no somos sólo un resultado de nuestro ambiente. Cada cual interpreta la información y reacciona diferente al entorno en que creció, porque Dios nos dio a cada cual la capacidad de pensar y tomar decisiones personales.

Los reinos de este mundo no se comparan con el Reino de Dios. La vida en este mundo tiene realidades muy crueles como la pobreza, las enfermedades y las guerras. A fin de lograr los propósitos originales de este capítulo, hablemos del rechazo y el inevitable efecto que tendrá sobre nuestra autopercepción y nuestros sentimientos. No importa cuánto lo intentemos, no podremos evitar el rechazo de los demás hacia nosotros. Jesús vivió una vida impecable y la sociedad y el gobierno de su época lo rechazaron.

Hace algunos años, una jovencita de diecisiete años vino a verme. Nunca había conocido a una joven que tuviera tanto a su favor. Parecía una de esas chicas que aparecen en las cubiertas de las revistas, y vestía de manera impecable. Había terminado los doce años de escuela primaria y secundaria en sólo once, y había obtenido uno de los mejores promedios de la clase. Por sus talentos musicales, había recibido una beca completa para ingresar a una universidad cristiana. Sus padres le habían regalado un auto deportivo nuevo por motivo de su graduación. Muy poca gente recibe tanto como ella había recibido.

Luego de media hora de conversación, era obvio que su aspecto exterior no concordaba con las inseguridades que había en su mundo interior. Le pregunté: «Mary, ¿has llorado alguna vez por la noche porque te sentías fuera de lugar y deseabas ser otra persona?»

En ese momento comenzó a llorar y me respondió: «¿Cómo lo sabe?»

Podría haberle hecho casi la misma pregunta a cualquier persona en cualquier momento de su vida y la respuesta hubiera sido la misma. La imagen que proyectamos en los demás a veces oculta cómo de veras nos sentimos en cuanto a nosotros mismo. Muchos esconden esos sentimientos negativos para que los demás los acepten. No siempre es fácil convivir con alguien que se siente a gusto consigo mismo. Así que usamos una máscara, incluso en la iglesia. La mayoría de las personas no lo hacemos maliciosamente. Es que deseamos que nos acepten y recibir la aprobación de los demás.

Muchos cristianos no se dan cuenta de que esas autopercepciones negativas se basan en los valores de este mundo y reflejan una comprensión inadecuada del evangelio. Sinceramente, la apariencia, el desarrollo personal y la condición social son los estándares de este mundo. A veces nosotros también las usamos para evaluarnos y compararnos con los demás.

En el reino de este mundo el hombre natural margina a las personas que son poco atractivas y de pocos logros; para ellas no hay expresiones marcadas de aprecio. Pero, ¿esto es distinto para las personas atractivas, inteligentes y exitosas? ¿Experimentan lo opuesto las personas atractivas, inteligentes y triunfadoras? Obviamente, existen personas que sienten lujuria por otras personas del sexo opuesto, como las supermodelos y los actores famosos, y las personas del mismo sexo se sienten celosas. Pero, seamos realistas, ¿cuántos años podrán esas personas mantenerse atractivas y fuertes? Las increíblemente poderosas industrias de la belleza, la moda, los gimnasios y el cuidado del cuerpo revelan que muchos creen que su apariencia es importante para sentirse valiosos y que les da mayores posibilidades de que los acepten. Si con esto no los convencemos, piensen en la cantidad de personas en nuestra cultura que recurren al tratamiento con Botox a fin de remover las arrugas o a la cirugía estética para dar nueva forma a sus cuerpos.

Cuando nos concentramos en la apariencia, desempeño o condición social, dejamos de lado los valores realmente importantes y duraderos que son los que mantienen las relaciones. El resultado es una vida superficial llena de relaciones superficiales. La belleza exterior no puede ocultar la fealdad interior. Independientemente de las cualidades exteriores y la posición social, todo lo que tenga una base superficial tarde o temprano se corroe. ¿Se imagina el aguijonazo del rechazo que sentirá una mujer cuando descubre que un hombre la «ama» sólo por su cuerpo? Pobre del hombre al que lo «aman» sólo por su dinero.

No estoy diciendo que debemos descuidar nuestra apariencia, hacer mal ni rehuir de la sociedad. Más bien declaro que hay otras normas por las cuales en definitiva nos debemos evaluar, normas justas que están al alcance de todos los hijos de Dios.

El amor y la aceptación incondicional no existen en ninguna cultura humana ni sistema familiar. No hay manera de vivir una vida perfecta y agradar a todo el mundo. En consecuencia, a veces, los sentimientos de rechazo son inevitables. Generalmente, reaccionamos a este mundo caído eligiendo una de tres posturas defensivas (véase la figura 1).

## La cima de la escalera

Algunos tienen una vida abundante en bendiciones. Algunos de los que nacen con buenos genes y mucho dinero desafían al sistema con sus posesiones materiales, y en demasiados casos los padres son los que los empujan. El grupo que desafía al sistema reconoce la naturaleza en extremo competitiva de nuestra cultura, y tratan de no ser ellos los vencidos. Hacen hasta lo imposible para llegar a la cima de la escalera. Tratan de labrarse un nombre y de aprovechar al máximo las ventajas que les brinda su condición social. Se proponen obtener aceptación, seguridad e importancia mediante sus propias fuerzas y recursos.

El racismo, la discriminación sexual o cualquier otra forma de elitismo lo perpetúan personas que quieren mantener su posición privilegiada.

**Figura 1**

# CÓMO ENTENDER EL RECHAZO
## Romanos 15:7

La persona siente que
la rechazan y no la aman

⬇

Se propone agradar a los importantes
y obtener su aprobación

⬇

Reciben más rechazos que los llevan
a escoger uno de tres mecanismos

| ⬇ | ⬇ | ⬇ |
|---|---|---|
| **Desafiar al sistema*** | **Rendirse al sistema*** | **Rebelarse contra el sistema*** |
| Acepta las reglas del juego y compite para llegar a la cima y ser la persona más importante. | No le gustan las normas del sistema y trata de adaptarse y comportarse como un ciudadano de segunda clase. | Odia el sistema y pelea contra las estructuras sociales y a menudo su vestir y comportamiento son muy objetables. |
| ⬇ | ⬇ | ⬇ |
| Obtiene como resultado una vida llena de relaciones superficiales a medida que su desempeño y apariencia decaen con la edad. | Busca identidad y sentido de pertenencia pero su baja autoestima afecta su capacidad de relacionarse y competir. | Obtiene como resultado más rechazo y hace que otros defiendan el sistema que ellos rechazan. |
| ⬇ | ⬇ | ⬇ |
| Imposibilidad de expresar emociones, aislamiento emotivo, perfeccionismo, preocupaciones, inseguridad. | Sentimientos de inutilidad, inferioridad, subjetividad, introspección, autocastigo. | Indisciplina, irresponsabilidad, odio hacia su persona, amargura. |
| ⬇ | ⬇ | ⬇ |
| Piensa que no necesita a Dios y lucha contra su señorío. | Necesita a Dios o algo en qué creer, pero le cuesta confiar. | La imagen que tiene de Dios es la de un tirano, y se rebela contra Él. |

*Nota: El sistema familiar es el más influyente durante los primeros años, seguido de la escuela y la sociedad en general.

Establecen clubes exclusivos y comunidades sociales a las que sólo acceden los mejores y los más privilegiados. Cuando el imperio Enron se derrumbó, el mundo observó el absoluto egoísmo de los que llegan a la cima a expensas de los demás. Los ejecutivos de Enron tenían una vida envidiable a los ojos del mundo y los nuevos empleados de la compañía los tenían como modelos a seguir. Ellos veían sus yates y mansiones, pero lo que no venían era que sufrían por el aislamiento emocional y el perfeccionismo que manejaban sus vidas. El orgullo viene siempre antes de la caída, pero en este caso la caída afectó a los miles de inversionistas que perdieron su jubilación y seguridad financiera por ello. Al final, el sistema del mundo no puede liberarnos.

La gente trata de vencer al sistema de muchas formas. Por ejemplo, algunos tratan de alcanzar la cima y ser alguien por su apariencia, talento, inteligencia o capacidad atlética. Recordemos el trágico caso de Lyle Alzado. Lyle fue uno de los más fieros jugadores de fútbol americano de la historia. En la línea defensiva personificaba la mística de los Raiders. Era como uno de esos misiles que van tras el calor. Encerraba a quienquiera que estaba en posesión de la pelota y generalmente dejaba al pobre jugador tirado en el césped. Formó parte del equipo Pro-Bowl dos veces. Mientras cursaba sus estudios, Lyle no estaba seguro de poder ingresar a la Liga Nacional de Fútbol (NFL, por sus siglas en inglés), ya que pesaba un poco más de 85 kilos. Como esto no era suficiente para ser un guardalíneas defensivo en la NFL, Lyle recurrió a los esteroides y llegó a ser una maquina defensiva de casi 140 kilos. Es verdad, esta decisión le trajo la fama y el éxito que buscaba, pero, solo por poco tiempo. Los esteroides probablemente fueron la causa del cáncer cerebral que le causó su muerte a los 43 años de edad. Su vida se cortó por la mitad.[1]

## LO SEDUCTOR DEL SISTEMA

Muchos de nosotros nunca vamos a ser viajeros habituales, ni ejecutivos de empresas, ni ganar un concurso de belleza, ni jugar profesionalmente algún deporte, ni lograr algo que a los valores del mundo sea muy significativo, y lo sabemos. Generalmente, aceptamos la fórmula que el mundo tiene para el éxito donde apariencia, desempeño y condición social equivalen a aceptación, seguridad e importancia. Como no podemos competir con aquellos que tienen más talentos o dones, cedemos a lo establecido. Una vez le pregunté a un joven estudiante: «Supongamos que tienes un compañero en la escuela que tiene un cuerpo débil y cabello desgreñado. Tropieza cuando camina y tartamudea cuando habla. Se nota que necesita ayuda con su cuidado personal, y pasa mucho trabajo para sacar notas aceptables. ¿Tiene alguna posibilidad de ser aceptado, sentirse seguro e importante?» Pensó por un momento y respondió: «Probablemente no». Los valores y el sistema de valoración por los que el mundo se rige pueden ser bastante hostiles, aun en el mejor de los países.

> **SI CUATRO PERSONAS DICEN ALGO POSITIVO ACERCA DE NOSOTROS Y UNO NOS CRITICA, ¿A QUIÉN VAMOS A CREER O A PRESTAR MÁS ATENCIÓN?**

Según estudios realizados en los hogares de los Estados Unidos, un niño promedio recibe diez declaraciones negativas o faltas de aprecio por cada positiva. En las escuelas, lugar donde se supone que los maestros están capacitados, un estudiante promedio recibe siete declaraciones negativas o faltas de aprecio por cada positiva. Otro estudio se propuso averiguar cuánto tiempo le toma a uno de estos niños sobreponerse al comentario negativo, y descubrieron que le toma por lo menos cuatro notas de aprecio o comentarios positivos. Si cuatro personas nos dicen algo positivo acerca de nosotros y una nos critica, ¿a quién vamos a creer o a prestar más atención? Acertaron. No en balde la mayoría de las personas luchan contra una baja autoestima y el sentimiento de que valen poco.

Recuerdo que hace unos cuantos años, cuando era pastor, escribí en una tarjeta las siguientes palabras: incompetencia, inferioridad, inseguridad, culpa, preocupación y duda. Si alguna persona venía a consejería, en algún momento de la charla yo sacaba esa tarjeta y le preguntaba si había experimentado alguno de esos sentimientos alguna vez. ¡Cuarenta y nueve cristianos dijeron que habían experimentado los seis y sólo uno mencionó cuatro de ellos! Algo está mal aquí. Estas personas fueron vencidas por el sistema y parecen ignorar su herencia espiritual en Cristo. Muchos tienen problema con su concepto de Dios y piensan que Él es el culpable de su mala situación.

## La rebelión de la gente

Yo estaba frente a la Escuela Secundaria Columbine donde Dylan Klebold y Eric Harris decidieron quitarles la vida a uno de los profesores y a varios de sus compañeros de clase. Ambos formaban parte de la mafia guerrera de la escuela, vivos ejemplos de la rebeldía contra el sistema. Para remarcar su insubordinación, se vestían y comportaban de un modo objetable. Sus acciones y conductas indicaban que no querían ni necesitaban el amor de nadie, aunque en realidad sí lo necesitaban... al igual que todos nosotros. Este tipo de segmento alienado de la sociedad se ha estado expandiendo desde la década del 1960. Los que procuraban superar las dificultades del sistema eran su némesis. Acosados e intimidados, finalmente explotaban, al igual que muchos otros en distintas escuelas en el país. El sistema está enfermo. Al final todos pierden. Ahora entiendo por qué Juan escribió:

> No améis al mundo, ni las cosas que están en el mundo. Si alguno ama al mundo, el amor del Padre no está en él. Porque todo lo que hay en el mundo, los deseos de la carne, los deseos

de los ojos, y la vanagloria de la vida, no proviene del Padre, sino del mundo (1 Juan 2:15-16).

## EL EJEMPLO DE SALOMÓN

Si alguien tuvo la oportunidad de sobreponerse a las circunstancias, fue el rey Salomón. Ascendió al trono de Israel cuando el país había alcanzado su mayor esplendor. Ocupaba la más alta posición de un ser humano. Tenía poder, dinero y cualquier mujer que quisiese. Si el alcanzar una vida significativa fuera el resultado de la apariencia, el desempeño y la condición social, Salomón la habría alcanzado, pero no fue así.

Algo faltaba en la vida de Salomón. Por tanto, trató de hallar propósito y sentido en la vida sin el Señor. Dios le había dicho a Salomón: «Te he dado corazón sabio y entendido, tanto que no ha habido antes de ti otro como tú, ni después de ti se levantará otro como tú» (1 Reyes 3:12). ¿Cuál fue la conclusión de Salomón? «Vanidad de vanidades, todo es vanidad» (Eclesiastés 1:2).

Ningún ser humano tendrá las mismas oportunidades que tuvo Salomón para sentir que valía. El orgulloso no ha aprendido de la experiencia. Más bien concuerda con el poeta en decir: «Yo soy el señor de mi destino y el capitán de mi alma».[2]

¡No, no lo somos! Dios no creó el alma para que sea nuestro señor. O servimos a Dios o servimos a las riquezas. Muchas veces servimos a esto último. Nos engañamos al pensar que nos servimos a nosotros mismos. Millones de personas tratan de subir la escalera al éxito, ¡sólo para descubrir cuando llegan a la cima que la escalera estaba apoyada sobre la pared que no era!

## LOS QUE VENCEN A ESTE MUNDO

Cambiar la escalera para el lugar que queremos requiere un esfuerzo dramático. Veamos el ejemplo de Dave Dravecky, lanzador del equipo de béisbol de los Gigantes de San Francisco. Era un jugador rico y bastante bien parecido. Desde el punto de vista del mundo, lo tenía todo. Cuando estaba en la cima de su carrera le diagnosticaron cáncer en su mano lanzadora. Tuvieron que intervenirlo quirúrgicamente para eliminar el tumor. Los doctores estaban seguros de que nunca más volvería a jugar al béisbol, pero subestimaron su determinación. Volvió a jugar e incluso ganó el primer juego en el que lanzó luego de la rehabilitación.

Pero al siguiente juego se quebró el brazo y esta vez los doctores no pudieron salvarlo. Tuvieron que amputarle el brazo y el hombro. ¿Qué importante era aquel brazo para él? Esto escribió:

> Mi brazo era para mí lo que las manos son a un concertista de piano, las piernas a una bailarina clásica y los pies a un maratonista. Era por lo que la gente me ovacionaba, por lo que gastaban el dinero que con esfuerzo habían ganado. Era lo que me hacía valioso, lo que me hacía digno, al menos a los ojos del mundo. Y de repente dejé de tener el brazo.[3]

¿Estaba Dave Dravecky liquidado por haber perdido el brazo? ¿No podría volver a sentirse valioso? Aquel hombre que había sido importante en el mundo del deporte, ¿se convertiría en un don nadie? Dave Dravecky había sido lanzador, pero ya no lo era. Dave es un hijo de Dios, y como sucede con la mayoría de nosotros, fue necesario algo dramático para que esta verdad aflorara en su conciencia. Ha hecho más por la causa de Cristo con un brazo que lo que jamás hizo con dos. Comprendió que quien él es está mucho más allá de su capacidad de lanzar una pelota. Continuó diciendo:

> Cuando volví del hospital me di cuenta que lo único que quería mi hijo, Jonatan, era luchar conmigo y jugar fútbol en el césped. Lo único que quería mi hija, Tiffany, era abrazarme, y lo único que quería mi esposa, Jan, era tenerme de vuelta en

casa. No les importaba si tenía un brazo o dos. ... Les bastaba que estuviera vivo y en casa.[4]

Dave Dravecky no venció al mundo. En cierta forma el mundo lo venció a él, pero pudo sobreponerse gracias al amor y aceptación incondicionales de Dios.

Joni Eareckson Tada poseía toda la apariencia, el buen desempeño y la condición social necesarios cuando se zambulló en aguas poco profundas y se rompió el cuello. Tal vez pudo haber sido alguien en el sistema del mundo, pero se convirtió en alguien mucho más importante en Cristo, y desde su silla de ruedas ha tocado la vida de millones de personas alrededor del mundo. Moisés no fue útil a los propósitos de Dios en la corte del faraón, pero lo fue cuando dejó todas sus ventajas materiales. Chuck Colson tampoco fue útil para Dios en la Casa Blanca de los Estados Unidos, pero lo fue en prisión.

## La invasión de la Iglesia

Luego de explicar el síndrome del rechazo —sucumbir a los estándares de este mundo a fin de ser aceptados— en una clase para adultos de la Escuela Dominical, un hombre me preguntó: «¿Cuál de esas tres posiciones defensivas es la correcta?» Espero que su pobre esposa haya sobrevivido a la vergüenza que le ocasionó esa pregunta. Hasta cierto punto, el sistema del mundo ha invadido las iglesias y muchos cristianos no están seguros de su identidad y no logran alcanzar una legítima sensación de valía. Algunos cristianos hasta se preguntan si es correcto sentir que son de valor. Equivocadamente piensan que no ser nadie y no hacer nada que los distinga son señales de verdadera humildad, porque ser alguien y hacer algo haría que la gente se fijara en ellos. Tal pensamiento, que se basa en la vergüenza, no concuerda con la gracia de Dios. Jesús no murió en vano y llevar fruto es un medio por el que nuestro Padre celestial se glorifica (véase Juan 15:8). David Meyers escribió:

Sentir la divina gracia ... es ser liberado del orgullo autoprotector y de la autocondenación. Sentirse profundamente aceptado, como es mi caso, disminuye mi necesidad de valorarme por mis logros, mi prestigio o bienestar material y físico. Es como el ejemplo del inseguro Pinocho cuando le pregunta a su maestro Gepeto: «Papá, no sé quién soy, pero si para ti estoy bien, para mí también lo estoy».[5]

## Profundicemos más

1. ¿Qué viejos programas (sentimientos de rechazo) siguen en tu mente? ¿Cómo afectan tu autoimagen hoy?

2. ¿Has tratado alguna vez de competir contra el sistema del mundo? ¿Cómo? ¿Cuál fue el resultado?

3. ¿Cuáles son los elementos de autoafirmación que tú o tu familia han utilizado para establecer tu identidad y tu sentido de valía?

4. Si necesitas mover la escalera hacia otra pared, ¿cómo piensas hacerlo?

# CAPÍTULO 2

# EL DISEÑO ORIGINAL

*Las preguntas más profundas que formulamos se relacionan directamente
con las necesidades más grandes de nuestro corazón y las respuestas que
la vida nos brinda son las que moldean la imagen que tenemos de nosotros
mismos, de la vida y de Dios. ¿Quién soy? El romance nos susurra que somos
alguien especial, que nuestro corazón es bueno porque proviene de alguien
bueno; las saetas nos dicen que valemos a cinco centavos la docena,
sin valor, bien oscuros y torcidos, sucios.*
BRENT CURTIS Y JOHN ELDREDGE, *THE SACRED ROMANCE:
DRAWING CLOSER TO THE HEART OF GOD*

Hace algunos años un pastor me preguntó si su hija podía venir a consejería conmigo. A menos que algo cambiara, Nancy no iba a terminar sus estudios secundarios. Todos estaban impresionados con su belleza y talento. A lo largo de su adolescencia, Nancy recibió muchos halagos por su apariencia y su talento para cantar. Aun así, sufría de una autoimagen negativa.

Comprensiblemente, Nancy se había enfocado en su apariencia y desempeño, que es lo que la mayoría de la gente en el mundo aprecia. Pero esos cumplidos y el esfuerzo por mantener aquello que la gente celebra (en este caso, apariencia y el don de la música) arrastran a la gente a una seductiva trampa. Muchos adultos también han caído en esta trampa, así que no podemos esperar que una adolescente como Nancy sea suficientemente madura para manejar el aplauso y la adulación de los demás.

Le pregunté qué haría si sufriese un accidente automovilístico, se le dañaran sus cuerdas vocales y su cara quedara con cicatrices. «No sería nadie», replicó. A partir de esa respuesta comenzamos a construir las bases bíblicas de su identidad en Cristo, y Dios orquestó una serie inusual de acontecimientos. Nancy permanecería en su casa durante un fin de semana y cumpliría con algunas responsabilidades familiares, algo que de veras le disgustaba. No recuerdo cómo ni por qué me enteré que ese viernes por la noche Nancy abandonó por completo su responsabilidad, salió y se emborrachó.

A la semana siguiente, le pregunté cómo le había ido en su fin de semana.

—Todo bien —respondió.

—¿Te fue bien el viernes en la noche? —le pregunté

Volvió a responderme que sí. Hice una pausa, luego la miré fijo a los ojos y le dije:

—Nancy, quiero que sepas que no soy capaz de espiarte ni de entrometerme en tu vida, pero sé que el viernes en la noche no te fue bien. Quiero que sepas que eso no modifica en absoluto lo que opino sobre ti. Tú eres una hija de Dios; te amo y te acepto tal y como tú eres.

No sollozó simplemente, sino que lloró a gritos durante quince minutos. Cuando finalmente recuperó su compostura, le pregunté qué había pensado durante ese viernes a la noche.

—Me odié —fue su respuesta. Ese fue su momento decisivo. Dieciocho años viviendo bajo los dictados de la apariencia habían comenzado a sucumbir bajo el amor incondicional de Dios.

**Figura 2**

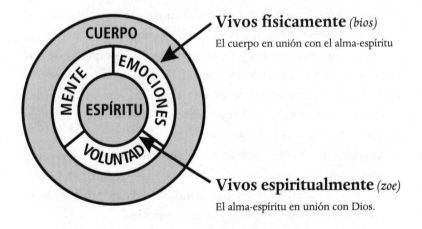

CREACIÓN ORIGINAL
Génesis 1–2

**Vivos físicamente** *(bios)*
El cuerpo en unión con el alma-espíritu

**Vivos espiritualmente** *(zoe)*
El alma-espíritu en unión con Dios.

1. Importancia: El hombre tiene un propósito divino (Génesis 1:28).
2. Seguridad: Todas las necesidades del hombre fueron satisfechas (Génesis 1:29).
3. Pertenencia: El hombre tiene una sensación de pertenencia (Génesis 2: 18).

*Bios* = El alma esta en unión con el cuerpo.
*Zoe* = El alma esta en unión con Dios.

Una autoimagen negativa es inevitable cuando el «yo» es su creador. Nosotros tenemos otra imagen, una con la cual fuimos creados. Si vamos a crear una imagen verdadera de nosotros —una que sea durable, justa y disponible— necesitamos comenzar por lo que significa ser creados a la imagen de Dios. Génesis 1:26 y 2:7 nos dice lo siguiente:

> Entonces dijo Dios: Hagamos al hombre a nuestra imagen, conforme a nuestra semejanza ... Entonces Jehová Dios

formó al hombre del polvo de la tierra, y sopló en su nariz aliento de vida, y fue el hombre un ser viviente.

Esta combinación de arcilla con aliento divino dio forma a la primera persona creada a la imagen y semejanza de Dios. La figura dos nos muestra los componentes de la naturaleza básica de Adán. Dios es Espíritu y fuimos creados a su imagen, pero Adán tenía un cuerpo físico así como un alma y espíritu. Algunos teólogos afirman que el alma y el espíritu son en esencia lo mismo, mientras que otros dicen que el alma humana no es lo mismo que el espíritu humano. Para simplificar conceptos, diré que nuestra naturaleza básica está compuesta de una persona interna y una persona externa. Nos referiremos a nosotros mismos como personas que tienen un yo material y un yo inmaterial. El alma o el alma-espíritu es lo que diferencia a los humanos del reino animal, el cual se guía por el instinto.

Gracias a nuestro yo material podemos relacionarnos con el mundo que nos rodea por medio de los cinco sentidos; gusto, tacto, oído, vista y olfato. Cuando Dios sopló aliento de vida en Adán, Adán se transformó en un ser vivo física y espiritualmente.

## VIDA FÍSICA

Estar físicamente vivo quiere decir que el alma o el alma-espíritu está en unión con nuestro cuerpo. Cuando alguien muere físicamente, se separa de su cuerpo mortal. En la Biblia, morir significa «estar separado de»[1] y vivir significa «estar en unión con».[2] Pablo escribió que estar ausentes de nuestro cuerpo mortal es estar presentes en el Señor (2 Corintios 5:8).

Obviamente, nuestra identidad abarca más que nuestro cuerpo físico, porque nuestro cuerpo quedará aquí cuando hayamos muerto físicamente y estemos (la persona interna que es el «yo» esencial) en la presencia de nuestro Señor. En consecuencia, construir un concepto de nuestro «yo» basándonos sólo en nuestra apariencia física y cualidades es trágicamente inadecuado. No obstante, debemos recordar que nuestro yo inmaterial necesita de nuestro yo material para funcionar en este mundo físico.

Por ejemplo, nuestro cerebro es como la computadora en sí y nuestra mente inmaterial es como el programa operativo. La computadora no puede realizar ninguna tarea ni cumplir ninguna función importante sin los programas, y los programas a su vez necesitan la computadora para cumplir su propósito. El cerebro funciona según como esté programado. No hay mucho que podamos hacer para cambiar la naturaleza física de nuestro cerebro, y es por eso que la Palabra de Dios en-

> **PARA RESTAURAR UNA AUTOIMAGEN DAÑADA DEBEMOS TRANSFORMARNOS MEDIANTE LA RENOVACIÓN DE NUESTRA MENTE.**

fatiza el programa. Para restaurar una autoimagen dañada debemos transformarnos mediante la renovación de nuestra mente, que es parte de nuestro yo inmaterial. Nuestra esperanza no puede depender solamente de la preservación eterna de nuestros cuerpos físicos, porque están en estado de decadencia. Pablo escribió: «Por tanto, no desmayamos; antes aunque este nuestro hombre exterior se va desgastando, el interior no obstante se renueva de día en día» (2 Corintios 4:16).

Estuve escuchando a un hombre que era dueño y administrador de un gimnasio de su propiedad. Esta persona era físicamente imponente con una musculatura bien desarrollada. Dijo: «¡Espero que cuando vaya al cielo no tenga un cuerpo nuevo, porque he trabajado mucho para conseguir este!» La buena noticia es que tendremos un cuerpo nuevo cuando vayamos al cielo. Pero el comentario de aquel hombre revela que su verdadera identidad y autoconcepto estaban arrebujados en su apariencia física, y hacía todo lo que estaba a su alcance por detener el proceso de decadencia. Pensemos en los millones de personas que se someten a cirugía plástica o en aquellos que toman medidas drásticas para prolongar lo inevitable.

«Y de la manera que está establecido para los hombres que mueran una sola vez, y después de esto el juicio» (Hebreos 9:27).

## VIDA ESPIRITUAL

Adán también fue creado para tener una vida espiritual. Estar vivo espiritualmente significa que nuestra alma o alma-espíritu está en unión con Dios. Si Adán y Eva no hubiesen pecado, probablemente aún estarían vivos física y espiritualmente. «Y mandó Jehová Dios al hombre, diciendo: De todo árbol del huerto podrás comer; mas del árbol de la ciencia del bien y del mal no comerás; porque el día que de él comieres, ciertamente morirás» (Génesis 2:16-17). Ellos comieron del árbol prohibido y murieron. Al principio no murieron físicamente, pero sí espiritualmente; sus almas ya no estaban en comunión con Dios. La muerte física también sería una consecuencia de esa acción, pero no fue inmediata, Adán vivió más de 900 años.

El pecado de Adán afectó a todos y cada uno de sus descendientes. Pablo escribió: «Por tanto, como el pecado entró en el mundo por un hombre, y por el pecado la muerte, así la muerte pasó a todos los hombres, por cuanto todos pecaron» (Romanos 5:12). Todos nacimos físicamente vivos, pero muertos en espíritu (véase Efesios 2:1). Si bien conservamos algunos aspectos del diseño original, la imagen de Dios ha sido quebrantada, y no existe manera humana alguna de retornar al diseño original o corregir el actual. Sin el Espíritu de Dios en nosotros, estamos incompletos y vacíos. En su libro *The Journey of Desire,* John Eldredge declara este vacío y falta de conexión con nuestro Creador:

> Algo terrible ha sucedido; algo terrible. Algo peor aun que la misma caída del hombre. Porque en esa tragedia, la más

grande de todas, simplemente perdimos el paraíso y con él todo lo que hace que valga la pena vivir. Lo que sucedió desde ese momento es impensable: ¡nos hemos acostumbrado a ello! Nos hemos convencido de que esta era la forma en la que las cosas debían ser. A los que caminan en oscuridad se les ha acostumbrado la vista.[3]

La buena noticia es que hemos sido creados para estar con Cristo. Este es el verdadero evangelio, pero la gente ha sido afectada tan profundamente por la Caída y por el sistema resultante que continuó viviendo de la forma en la que siempre lo hicieron. Se han ido acostumbrando a la oscuridad, y les resulta difícil creer que su Creador los acepta.

Dios está tratando de restablecer a la humanidad perdida y reparar nuestra autoimagen dañada. Quiere restaurar en nosotros lo que originalmente hizo en Adán y satisfacer nuestras necesidades más profundas, comenzando por la vida espiritual. Jesús dijo: «Yo he venido para que tengan vida» (Juan 10:10). Esta vida espiritual define nuestra identidad. «Mas a todos los que le recibieron, a los que creen en su nombre, les dio potestad de ser hechos hijos de Dios» (Juan 1:12). Para comprender todo lo que Dios está tratando de restaurar, recordemos lo que Adán y Eva tenían antes de la Caída.

## Importancia

En la creación original, Adán y sus descendientes tenían un propósito divino.

> Entonces dijo Dios: Hagamos al hombre a nuestra imagen, conforme a nuestra semejanza; y señoree en los peces del mar, en las aves de los cielos, en las bestias, en toda la tierra, y en todo animal que se arrastra sobre la tierra. Y creó Dios al hombre a su imagen, a imagen de Dios lo creó; varón y hembra los creó (Génesis 1:26-27).

Adán no tuvo que buscar ser importante porque él era importante. Ser importante no era una necesidad, sino un atributo con el que fue creado. No existían vacíos en su corazón, no tenía hambre ni sed de justicia, porque no conocía pecado y estaba en la presencia de Dios. Adán no sabía lo que era sentirse insignificante.

Satanás quería dominar el mundo, pero Dios les había dado esa responsabilidad a Adán y a sus descendientes. En aquel tiempo, Satanás no era el dios de este mundo. Para poder serlo tenía que provocar la caída de Adán y Eva. Una vez que lo logró, se convirtió en el rebelde dueño de este mundo. Jesús incluso se refiere a él como el soberano de este mundo. Para vencer los efectos de la caída, Jesús tendría que destruir la obra de Satanás, y esta es otra razón por la cual nuestro Padre Celestial lo envío a la tierra (véase 1 Juan 3:8).

## Seguridad y protección

Adán y Eva tenían seguridad y protección. Génesis 1:29-30 dice:

> Y dijo Dios: He aquí que os he dado toda planta que da semilla, que está sobre toda la tierra, y todo árbol en que hay fruto y que da semilla; os serán para comer. Y a toda bestia de la tierra, y a todas las aves de los cielos, y a todo lo que se arrastra sobre la tierra, en que hay vida, toda planta verde les será para comer. Y fue así.

Podían comer del árbol de la vida y vivir por siempre; estaban seguros en la presencia de Dios.

Desde los trágicos acontecimientos del 11 de septiembre de 2001, muchos estadounidenses se sienten extremadamente inseguros. El presidente de los Estados Unidos propuso y el Congreso ha creado un Departamento de Seguridad Interna destinado a lidiar con las amenazas de atentados terroristas y ayudar a la gente a vencer sus temores. El esfuerzo que realizan es encomiable pero no es suficiente. No existe medida humanamente posible que pueda controlar el movimiento de todo el mundo y sellar cada frontera.

> Curan la herida de mi pueblo con liviandad, diciendo: Paz, paz; y no hay paz (Jeremías 6:14).

Hasta que el Señor vuelva, el mundo no va a tener *paz externa* porque no existe forma ni derecho para controlar a todos los habitantes. La paz que tenemos en Cristo se refiere al orden *interno*, no al orden

> LA PAZ QUE TENEMOS EN CRISTO SE REFIERE AL ORDEN *INTERNO*, NO AL ORDEN EXTERNO DE ESTE MUNDO.

*externo* de este mundo. Jesús dijo: «La paz os dejo, mi paz os doy; yo no os la doy como el mundo la da. No se turbe vuestro corazón, ni tenga miedo» (Juan 14:27).

## LA SENSACIÓN DE SER PARTE DE ALGO

Adán se sentía parte del Jardín del Edén. Era la creación especial de Dios, y disfrutaba una íntima relación con Dios, pero había algo más para él. «Y dijo Jehová Dios: No es bueno que el hombre esté solo; le haré ayuda idónea para él» (Génesis 2:18). Adán y Eva no solo sentían que pertenecían a Dios, sino también el uno al otro. Estaban desnudos y no sentían vergüenza. No tenían nada que esconder. Sus cuerpos no tenían partes prohibidas. Podían tener sus relaciones sexuales íntimas en la presencia de Dios. El sexo lo creó Dios para la procreación, pero también como placer. Debían ser fructíferos y multiplicarse, y llenar la tierra con descendientes santos que gobernaran la creación de Dios.

La mayoría de los cristianos no sienten lo que Adán y Eva sintieron en el Edén antes de la Caída. Asisten a la iglesia con su mejor cara, pero en su interior están mal. Muchos llevan una máscara con la esperanza de que los demás no sepan lo que les sucede por dentro.

Imaginen que tengo la posibilidad de conocerlo a usted —de conocerlos realmente— en sus aspectos más íntimos. Si lo hiciese, ¿me agradarían? Yo creo que sí, pero no por ninguna extraordinaria virtud de mi parte, sino porque el Dios que vive en mí me motiva y me incita a allegarme a los que sufren, a los despreciados y a las almas perdidas con su amor y misericordia. He observado cómo los sentimientos de abandono y rechazo desaparecen cuando se enfrentan al amor y aceptación incondicionales de nuestro Padre celestial. Josh McDowell escribió: «Si alguno de ustedes se pusiese una etiqueta con un precio, esta debería decir "Jesús". Con su muerte en la cruz pagó nuestros pecados. Para Dios, nuestro precio es "Jesús" porque eso es lo que Él pagó por nosotros».[4]

En su libro, *Shaking the Foundations,* Paul Tillich agrega:

> Ustedes están aceptados. Están aceptados, aceptados por aquel que es mayor que ustedes. ... No traten de hacer nada ahora, tal vez después harán mucho. No busquen nada, no hagan nada ahora, no intenten nada. Simplemente acepten el hecho de que están aceptados. Si esto sucede hemos experimentado la gracia.[5]

## Profundicemos más

1. ¿Qué propósito divino tenía Dios con Adán y sus descendientes?
2. ¿En que aspectos difiere tu vida física de tu vida espiritual?
3. ¿Qué significa tener sentido de importancia?
4. ¿Qué significa tener sentido de pertenencia?

## Capítulo 3

# Imagen quebrantada

*Nuestros corazones sólo hallarán descanso en ti.*
San Agustín

A fines del siglo diecinueve, mientras recorría los campamentos en la frontera oeste de Estados Unidos, un predicador se encontró con un niño griego, huérfano, que había sido abandonado por unos asaltantes. El predicador no tuvo otra opción que llevar al niño con él. Peter, que así se llamaba, resultó ser un niño incorregible y era obvio que el predicador no podía cumplir con sus tareas y mantenerlo.

El predicador supo de una familia de apellido Smith que acababa de asentarse cerca de uno de sus recorridos. Les preguntó si aceptarían piadosamente hacerse cargo del niño y ellos aceptaron. La familia

Smith tenía un hijo de la edad de Peter que se llamaba Sammy. Se hicieron muy buenos amigos, pero aun así Peter seguía siendo un niño muy difícil.

Un día les dijeron a los chicos que no se acercaran al pantano porque todos creían que estaba contaminado. Peter no hizo caso y se las arregló para saltar el alambre de púas e ir a nadar. Debe haberse arañado con la herrumbrosa cerca, porque se infectó y cayó gravemente enfermo. Lo pusieron en cuarentena para evitar que otros se contagiaran.

La vida de Peter pendía de un hilo y lo único que Sammy podía hacer era verlo y orar por él mientras se asomaba por la ventana de su habitación. Pero una tarde los padres viajaron a la ciudad para comprar algunos víveres. Le advirtieron que no se acercara a Peter, pero cuando regresaron a casa esa tarde los dos chicos dormían abrazados. Nadie entiende la providencia de Dios, pero en este caso, Peter se sanó y Sammy se enfermó y falleció.

El predicador casi se había olvidado de Peter cuando varios años después pasó cerca de la casa de la familia Smith. Al recordarlo, decidió visitarlos para ver qué había sucedido con el huerfanito griego. Cuando llegó a la hacienda, reconoció al señor Smith, pero no así al joven que estaba con él.

—¿Qué fue de aquel muchachito incorregible que les dejé hace algunos años? —le preguntó.

El señor Smith abrazó al joven que tenía a su lado y respondió:

—Quiero que conozca a mi hijo, Peter Smith. Lo hemos adoptado.

Según otro Pedro, el apóstol, el mismo acto de gracia ha sucedido con cada creyente.

> Mas vosotros sois linaje escogido, real sacerdocio, nación santa, pueblo adquirido por Dios, para que anunciéis las virtudes de aquel que os llamó de las tinieblas a su luz admirable; vosotros que en otro tiempo no erais pueblo, pero que ahora sois *pueblo de Dios*; que en otro tiempo no habíais alcanzado

misericordia, pero ahora *habéis alcanzado misericordia* (1 Pedro 2:9-10, énfasis añadido).

¿Qué sintió Peter Smith luego de ser abandonado en la frontera oeste? Sospecho que algo no muy diferente de lo que sintieron Adán y Eva después de la Caída. El marco idílico del jardín del Edén quedó destrozado, al igual que su autoimagen. Los efectos de la Caída fueron dramáticos, instantáneos y de consecuencias muy trascendentales, e infectó a cada uno de los miembros subsecuentes del género humano, tal como se ilustra en la figura 3.

**Figura 3**

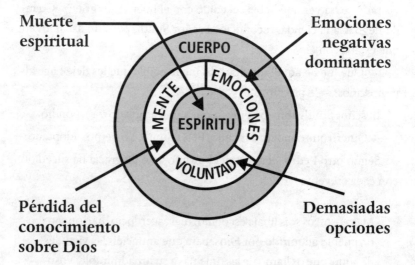

Efectos de la Caída
Génesis 3:8—4:9

Muerte espiritual

Emociones negativas dominantes

Pérdida del conocimiento sobre Dios

Demasiadas opciones

## Muerte espiritual

La consecuencia más inmediata de la acción de Adán y Eva fue la muerte espiritual. La unión e intimidad que tenían con Dios se rompió y quedaron separados de Él. Los expulsaron del Huerto del Edén y pusieron en la entrada un querubín con una espada encendida «para custodiar el camino que lleva al árbol de la vida» (Génesis 3:24, NVI).

Algunos piensan que lo que el ángel protegía era el camino de regreso a Dios mientras el divino plan de la redención se desarrollaba.

El pecado de Adán tuvo como consecuencia la muerte espiritual de todos sus descendientes, porque todos pecamos (véase Romanos 5:12, 1 Corintios 15:21-22).

Según palabras de Blaise Pascal, un reconocido matemático y filósofo francés, «existe un vacío con la forma de Dios en el corazón de todos los hombres que ninguna cosa creada puede llenar, sino sólo por Dios el Creador, dado a conocer a través de Jesucristo».[1] El punto aquí es que estamos incompletos sin Cristo. Dios no creó a Adán y a sus descendientes para que vivieran separados de Él.

Lejos de Cristo somos como un automóvil nuevo que sale de la línea de producción de una fábrica en Detroit. Supongamos que el representante de la fábrica trae desde Australia a un aborigen que nunca ha visto la civilización y le pide que diga para qué sirve ese auto. Posiblemente es una de las cosas más bellas que ha visto, una pieza de arte. Pero ese no es el propósito del auto. Tal vez el aborigen se acomode en el asiento del conductor y concluya que el propósito del auto es la comodidad. Nunca se había sentado en algo tan cómodo. Pero ese no es el propósito del auto.

Si el vendedor gira la llave de encendido y activa el sonido cuadrafónico, el aborigen pensará que el auto es un teatro con sonido especial. Está hecho para entretener. Si el vendedor prendiera las luces, ¡sería una fuente de luz! Y si, lleno de emoción, hiciera sonar accidentalmente la bocina, pensaría que es un aparato que hace ruido. Este hombre quizá se enamore del extraordinario aparato, pero nunca descubrirá el verdadero propósito del auto, que es el de transportar, porque no tiene combustible.

Así somos sin Cristo. No existe forma de determinar quiénes somos ni de que cumplamos con nuestro llamado sin Él. La persona natural es como una bombilla de luz sin electricidad.

## Deterioro mental

Como consecuencias de la Caída, Adán experimentó inmediatos cambios notables. El primero de ellos fue el efecto que la muerte espiritual tuvo en su mente. Perdió la verdadera percepción de la realidad y el concepto de conocer dejó de ser relacional. Esto fue evidente cuando trató de esconderse del Dios omnipresente.

Esto me recuerda cuando mis dos hijas tenían como tres y cinco años. Les encantaba jugar a las escondidas. Yo me quedaba en la planta alta, me tapaba la cara con una almohada y empezaba a contar. En cuanto yo decía «¡Allá voy!», empezaban a reír incontrolablemente. Yo

> ADÁN Y EVA TENÍAN UN CONCEPTO DISTORSIONADO DE DIOS Y DE ELLOS MISMOS, Y NOSOTROS TAMBIÉN.

no tenía ningún problema en encontrarlas. No se daban cuenta de que su risa era lo que me indicaba dónde estaban escondidas.

Adán y Eva tenían un concepto distorsionado de Dios y de ellos mismos, y nosotros también. Pablo explica el porqué de esto: «A causa de la ignorancia que los domina y por la dureza de su corazón, éstos tienen oscurecido el entendimiento y están alejados de la vida que proviene de Dios» (Efesios 4:18, NVI). Estaban así porque estaban separados de la vida que Dios les ofrecía.

Para entender que el conocimiento es algo relativo y que la verdad está unida a nuestra relación con Dios se puede necesitar cierto discernimiento espiritual. Génesis 4:1 dice: «Conoció Adán a su mujer Eva, la cual concibió y dio a luz». En realidad nosotros no utilizamos la palabra «conocer» en ese sentido. Para las personas el conocimiento es el conjunto de información independiente a la fuente de información. Las personas pueden saber *algo* de Dios, pero no lo conocen personalmente; Dios es la realidad fundamental y no existe conocimiento lejos de Él. En realidad, sabiduría es ver la vida desde la perspectiva de Dios, pero las personas generalmente sólo ven la vida desde su propia perspectiva.

> Pero el hombre natural no percibe las cosas que son del Espíritu de Dios, porque para él son locura, y no las puede entender, porque se han de discernir espiritualmente (1 Corintios 2:14).

Cualquier persona que entendiera el griego y la cultura griega se debe haber asombrado cuando Juan escribió: «Y aquel Verbo [*logos* en griego] fue hecho carne» (Juan 1:14).

Para los filósofos griegos, *logos* representaba la suprema forma del conocimiento filosófico. Decir que el Verbo fue hecho carne quería decir que el conocimiento o sabiduría se había encarnado, es decir, que había tomado forma humana. Jesús es el Verbo. Él es la verdad. No podemos separar la verdad de su persona. Poseer el verdadero conocimiento de Dios, algo que habíamos perdido en el Edén, es posible otra vez a través de una relación personal con Jesucristo. Podemos conocerlo y saber quiénes somos en Cristo, porque todos los creyentes nacidos de nuevo tienen dentro la mente de Cristo (véase 1 Corintios 2:16).

El conocimiento lejos de Dios es lo que hace a la gente arrogante, pero el amor nos edifica (véase 1 Corintios 8:1). Hacer del conocimiento un objetivo en sí mismo es un problema de primer orden en la educación occidental. Es un énfasis que distorsiona el propósito original del conocimiento.

Pablo escribe: «El propósito de este mandamiento es el amor nacido de corazón limpio, y de buena conciencia, y de fe no fingida» (1 Timoteo 1:5). La verdad (Cristo y su Palabra) era para liberarnos y ubicarnos en el camino a conformarnos a la imagen de Dios. Jesús dijo: «En esto conocerán todos que sois mis discípulos, si tuviereis amor los unos con los otros» (Juan 13:35).

Leí en cierta ocasión que durante la Edad Media la gente se refería a los niños discapacitados como «niños de Dios». Yo pensaba que era un hermoso eufemismo, pero creo que puede existir otra razón:

> Nueve corredores partieron a correr las 100 yardas. El que llevaba la delantera se cayó mientras corría y se lastimó la rodilla. Entonces se presenció algo maravilloso. Los otros niños pasaron al joven que iba ganando, pero cuando lo oyeron llorar por el dolor todos se detuvieron y regresaron para ayudarlo. Una de las niñas incluso le besó la rodilla para que se sintiera mejor. Después que lo ayudaron, se tomaron por los hombros. Finalizaron la carrera tomados de los hombros. La multitud se puso de pie para aplaudir, vitorear y llorar por aquellos increíblemente bondadosos niños.[2]

## EMOCIONES DAÑADAS

El entendimiento de Adán y Eva se nubló y se convirtieron en personas temerosas y ansiosas. La primera emoción que la humanidad expresó luego de la Caída fue el miedo (véase Génesis 3:10) El temor de cualquier otra cosa que no sea Dios es mutuamente exclusivo de la fe en Dios. ¿Por qué el principio de la sabiduría es el temor de Dios? ¿Cómo es posible que el temor de Dios eche fuera a los demás temores?

Mientras escribía el libro *Libre del miedo*[3] con mi colega Rich Miller, me di cuenta que estamos viviendo en una era de ansiedad. La gente alrededor del mundo se paraliza por el miedo a todo menos a Dios. Los desórdenes relacionados con la ansiedad son la causa número uno de los problemas mentales en todo el mundo. Chuck Colson dijo: «Para que la iglesia occidental reviva, necesita resolver los problemas de crisis de identidad, para mantenerse en la verdad, renovar su visión y, principalmente, recuperar el temor de Dios».[4]

Adán y Eva sintieron culpa y trataron de esconderse de Dios. Plagados de vergüenza, trataron de cubrirse. Cuando la culpa y la vergüenza nos dominan, la autorrevelación no tiene muchas posibilidades.

Luego de la Caída, Adán y sus descendientes también se sintieron deprimidos y enojados. Recuerden cuando Caín trajo su ofrenda y a Dios no le agradó:

> Caín se enfureció y andaba cabizbajo. Entonces el Señor le dijo: «¿Por qué estás tan enojado? ¿Por qué andas cabizbajo? Si hicieras lo bueno, podrías andar con la frente en alto. Pero si haces lo malo, el pecado te acecha, como una fiera lista para atraparte. No obstante, tú puedes dominarlo» (Génesis 4:5-7, NVI).

Caín estaba enojado y deprimido porque no había hecho lo correcto. Esto ilustra un principio bíblico: *Uno no debe sentirse de cierta manera para portarse bien. Uno debe portarse de cierta manera para sentirse bien.* Jesús dijo: «Si sabéis estas cosas, bienaventurados seréis si las hiciereis» (Juan 13:17, NVI). El mundo experimenta una epidemia de tristeza en esta era de la ansiedad. Se dice que la depresión es el catarro común de las enfermedades mentales. En los Estados Unidos se ha duplicado desde el año 1985 al año 1995, y su incremento ha sido de diez veces durante el último siglo.[5]

## DECISIONES QUE HAY QUE TOMAR

El pecado de Adán y Eva afectó su capacidad de elegir. En el Huerto del Edén sólo una decisión incorrecta podían tomar. De todo lo que había en el huerto podían comer, excepto del árbol del conocimiento del bien y del mal (véase Génesis 2:16-17).

> **APARTE DEL ESPÍRITU SANTO EN NUESTRA VIDA, EL PODER MÁS GRANDE QUE TENEMOS ES EL PODER DE ESCOGER.**

Como consecuencia de la Caída, cada día nos vemos frente a miríadas de decisiones buenas y malas. Aparte del Espíritu Santo en nuestra vida, el poder más grande que tenemos es el poder de escoger. Podemos decidir orar o no, leer la Biblia o no, ir a la iglesia o no. Podemos optar por caminar según los deseos de la carne o los del Espíritu. El hecho de que nadie pueda tomar todas las decisiones correctas revela el poder de la Ley, que nos estimula a hacer lo que nos está prohibido.

> Porque mientras estábamos en la carne, las pasiones pecaminosas que eran por la ley obraban en nuestros miembros llevando fruto para muerte (Romanos 7:5).

Si le decimos a un niño que puede ir a cualquier lugar con excepción de uno en particular, ¿adónde quiere ir? ¡A ese lugar! El fruto parece ser más deseable cuando está prohibido.

- La ley no es contraria a las promesas de Dios, pero no puede dar vida (véase Gálatas 3:21).

- Decirle a la gente que lo que están haciendo no es correcto no les da el poder para dejar de hacerlo.

Nosotros somos «servidores de un nuevo pacto, no el de la letra sino el del Espíritu; porque la letra mata, pero el Espíritu da vida» (2 Corintios 3:6).

## NECESIDADES EVIDENTES

**1. La sensación de amor y aceptación incondicionales ha sido reemplazada por sentimientos de rechazo; en consecuencia, sentimos la necesidad de ser parte de algo.**
Desde el momento en que el pecado de Adán y Eva nos separó de Dios y nos llevó a tener conflictos en las relaciones humanas, hemos sentido la profunda necesidad de ser parte de algo. Esta necesidad básica es la fuerza que alimenta la presión de los pares. Podemos llevar a la gente a Cristo, pero si nuestras iglesias no pueden brindarle la amistad que necesitan, los perderemos. Un estudio reportó que se necesitan en promedio siete conexiones sociales en un período de seis meses para que una persona siga concurriendo a la iglesia. La unión espiritual del compañerismo cristiano (*koinonia* en griego) llena una necesidad crucial y es esencial para nuestro crecimiento.

**2. La inocencia fue reemplazada por la culpa y la vergüenza; en consecuencia, todos necesitamos un legítimo sentido de valía.**
Las crisis de identidad y la lucha contra una autoimagen negativa ha plagado a la humanidad en cada una de sus generaciones y en cada cultura. El tratar de restablecer nuestra identidad perdida y nuestro sentido de valía quebrantado no lo entiende bien la gente en muchas de nuestras iglesias.

Tendemos a identificarnos con lo que hacemos. Algunos han sugerido que los hombres obtienen su identidad del trabajo, ya que

Dios le dijo a Adán: «Con el sudor de tu rostro comerás el pan hasta que vuelvas a la tierra, porque de ella fuiste tomado; pues polvo eres, y al polvo volverás» (Génesis 3:19). Siguiendo el mismo razonamiento, las mujeres obtendrían su identidad de criar hijos porque Dios dijo: «Multiplicaré tus dolores en el parto, y darás a luz a tus hijos con dolor» (Génesis 3:16). Estos versículos forman parte de una maldición. ¿Qué pasa si un hombre pierde su trabajo o ya no puede volver a trabajar nunca más? ¿Qué pasa si una mujer no contrae matrimonio o no puede tener hijos?

¿Cómo podemos tener o adquirir un legítimo sentimiento de valía, uno que no esté basado en la maldición? ¿Utilizando los dones espirituales? No lo creo, porque Dios no nos ha dotado a todos de la misma manera. Dios balancea esto «dando más abundante honor al que le faltaba» (1 Corintios 12:24). ¿Nos dan nuestros talentos un mayor sentido de valía? Sería muy injusto que esto fuera así, porque Dios nos ha dado a algunos un talento, a otros dos, a algunos cinco (véase Mateo 25:14-30). Podríamos sentirnos tentados a concluir que sólo los cristianos que tienen cinco talentos son valiosos. Pero esto no es así. En realidad, los que son muy talentosos enfrentan el riesgo de enfocarse demasiado en sus capacidades y no en el crecimiento de su carácter.

¿Nos sentimos más valiosos si somos muy inteligentes? La respuesta de la Biblia es la siguiente: «¿No ha enloquecido Dios la sabiduría del mundo?» (1 Corintios 1:20). Las personas más inteligentes son más fácilmente tentadas a apoyarse en sus propios razonamientos. Los dones, talentos e inteligencia son capacidades que da Dios y que pueden utilizarse para el crecimiento de la Iglesia, pero no son la base de nuestra identidad ni de nuestro valor.

**3. La debilidad y el desamparo han reemplazado al dominio; por tanto, necesitamos fuerza y dominio propio.**
Sin Dios, tratamos de llenar esta necesidad con nuestra fuerza y nuestros recursos. Poder es lo que queremos, así que tratamos de obtenerlo

por medio de nuestros bienes. Algunos tratan de alcanzar una posición dominante mediante la fuerza física, mientras que otros tratan de conseguirlo mediante la inteligencia, el dinero o el sexo. Para algunos tener poder no es suficiente sino que quieren manipular a otros. No existe persona más insegura que una persona dominante, porque el objeto de su fe es él mismo. Juegan a ser Dios.

El fruto del Espíritu no es el control marital, ni el control de los empleados o del medio ambiente, sino el dominio propio (véase Gálatas 5:23). El cristiano encuentra su fuerza en Dios, y al igual que el apóstol Pablo, también necesitamos descubrir que su «poder se perfecciona en la debilidad» (2 Corintios 12:9).

> EL FRUTO DEL ESPÍRITU NO ES EL CONTROL MARITAL, NI EL CONTROL DE LOS EMPLEADOS O DEL MEDIO AMBIENTE, SINO EL DOMINIO PROPIO.

Satanás nos tienta a vivir lejos de Dios, y trata de sacar ventaja de nuestras necesidades básicas y legítimas. La pregunta es: ¿Van a ser saciadas estas necesidades por el mundo, la carne o el diablo, o serán saciadas por Dios, quien promete cuidarnos y suplir todas nuestras necesidades «conforme a sus riquezas en gloria en Cristo Jesús» (Filipenses 4:19)?

Las necesidades más maravillosamente saciadas en Cristo son las siguientes:

# En Cristo

**Soy aceptado**

| | |
|---|---|
| Jn 1:12 | Soy un hijo de Dios. |
| Jn 15:15 | Soy amigo de Jesús elegido por Él. |
| Ro 5:1 | He sido justificado mediante la fe. |
| 1 Co 6:17 | Estoy unido al Señor y soy uno con Él en espíritu. |
| 1 Co 6:20 | Fui comprado por un precio, luego pertenezco al Señor. |
| 1 Co 12:27 | Soy miembro del Cuerpo de Cristo, parte de su familia. |
| Ef 1:1 | Soy santo. |
| Ef 1:5 | He sido adoptado como hijo de Dios. |
| Ef 2:18 | Tengo acceso a Dios por medio del Espíritu Santo. |
| Col 1:14 | He sido redimido y mis pecados han sido perdonados. |
| Col 2:10 | Estoy completo en Cristo. |

**Estoy seguro**

| | |
|---|---|
| Ro 8:1-2 | Me ha liberado de la ley del pecado (condenación). |
| Ro 8:28 | Estoy seguro que Dios dispone todas las cosas para bien. |
| Ro 8:31 | Si Dios está conmigo, ¿quién puede estar contra mí? |
| Ro 8:35 | Nada me puede separar del amor de Dios. |
| 2 Co 1:21 | Dios es quien me mantiene firme, me ungió y me selló como suyo. |
| Col 3:3 | Mi vida está escondida con Cristo en Dios. |
| Fil 1:6 | Estoy convencido que Dios irá perfeccionando la buena obra que ha comenzado en mí. |
| Fil 3:20 | Soy un ciudadano del cielo. |
| 2 Tim 1:7 | Dios no me ha dado espíritu de timidez, sino de poder, de amor y de dominio propio. |
| He 4:16 | Puedo hallar gracia en tiempos de necesidad. |

| | |
|---|---|
| 1 Jn 5:18 | He nacido en Dios, y el maligno no puede a tocarme. |

**Soy importante**

| | |
|---|---|
| Mt 5:13 | Soy la sal y la luz de los que me rodean. |
| Jn 15: 1-5 | Soy parte del vino nuevo, unido a Cristo y apto para producir mucho fruto. |
| Jn 15:16 | He sido elegido por Jesús para dar fruto. |
| Hch 1:8 | Soy testigo personal de Cristo. |
| 1 Co 3:16 | Soy templo de Dios y el Espíritu Santo vive en mí. |
| 2 Co 5:17-18 | Estoy en paz con Dios, y Él me ha dado la tarea de hacer las paces entre Él y las demás personas. Soy un ministro de la reconciliación. |
| 2 Co 6:1 | Soy un colaborador de Dios. |
| Ef 2:6 | Estoy sentado con Él en las regiones celestiales. |
| Ef 2:10 | Soy creación de Dios. |
| Ef 3:12 | Disfruto de la libertad y la confianza de acercarme a Él mediante la fe. |
| Fil 4:13 | Todo lo puedo en Cristo que me fortalece.[6] |

## PROFUNDICEMOS MÁS

1. ¿Ha sido quebrantado alguna vez el idílico ambiente de tu «Edén»?

2. ¿A qué le temes?

3. ¿Cómo te afectan los atributos de amor incondicional, inocencia y dominio, los cuales son evidentes en la creación?

4. ¿Cómo puedes encontrar aceptación, seguridad e importancia en Cristo?

## CAPÍTULO 4

# EL EVANGELIO COMPLETO

*No se mientan los unos a los otros, puesto que ya se han despojado de lo que antes eran y de las cosas que antes hacían, y se han revestido de la nueva naturaleza: la del nuevo hombre, que se va renovando a imagen de Dios, su Creador, para llegar a conocerlo plenamente. Ya no tiene importancia el ser griego o judío, el estar circuncidado o no estarlo, el ser extranjero, inculto, esclavo o libre, sino que Cristo es todo y está en todos.*

COLOSENSES 3:9-11, DIOS HABLA HOY

Un chico recientemente adoptado se encuentra en una gran mansión. Su nuevo padre le susurra al oído: «Todo esto es tuyo, tienes derecho a estar aquí. Te he hecho coheredero con mi único hijo. Él pagó el precio para que seas libre del tirano que gobernaba tu vida, quien era cruel y condenador. He comprado esto para ti porque te amo».

Él no podía evitar cuestionarse este increíble regalo. *Esto parece demasiado bueno para ser real. ¿Qué he hecho yo para merecer todo esto? Durante toda mi vida he sido un esclavo de las expectativas de otras personas y siempre los he desilusionado. ¿Qué he hecho para obtener tal privilegio?*

El chico estaba profundamente agradecido. Comenzó a explorar las demás habitaciones de la mansión. Probó algunas de las herramientas y artefactos de la casa. En la mansión vivían otros chicos que también habían sido adoptados y comenzó a establecer relaciones con sus nuevos hermanos y hermanas.

Lo que más le gustaba era el bufé del que podían comer todo lo que quisieran. ¡Y allí sucedió! Mientras volvía de la mesa del bufé, golpeó unos vasos y un valioso jarrón cayó al suelo y se rompió. Empezó a pensar: *¡Qué torpe y estúpido soy! No te lo van a perdonar. Igual, ¿qué derecho tienes a estar aquí? Mejor te escondes antes de que te encuentren, porque seguramente te van a echar de aquí.*

Al principio, estaba feliz de sólo pensar en vivir en esa mansión con su nueva familia y con aquel padre amoroso, pero se sentía confundido. Las viejas cintas magnetofónicas de los recuerdos de su infancia comenzaron a resonar en su mente. Se sentía lleno de culpa y vergüenza. Los pensamientos acusadores continuaron atormentándole: *¿Quién te crees que eres: un privilegiado? Ya no perteneces a este lugar, ¡perteneces al sótano! Mi antiguo dueño tenía razón: no tengo derecho a este lugar porque no hice nada para merecerlo y acabo de fallar otra vez.* Con su mente llena de estos pensamientos, el muchacho descendió al sótano.

El lugar era muy triste, oscuro y desesperante. La única luz provenía de una puerta abierta al final de la larga escalera por donde había descendido. Escuchaba que su padre lo llamaba, pero estaba demasiado avergonzado para responder.

Se sorprendió al encontrar más muchachos allí. Arriba todos hablaban entre sí y se juntaban para ocuparse de los proyectos diarios que eran divertidos y significativos. Sin embargo, en el sótano nadie hablaba. Estaban demasiado avergonzados. Si bien a nadie le gustaba ese lugar, muchos sentían que allí era donde debían estar. Ninguno se imaginaba cómo podrían volver a caminar en la luz. Si alguno lo hacía, los demás notarían las imperfecciones.

Ocasionalmente algunos de sus hermanos o hermanas que permanecían arriba bajaban y los animaban a subir, incluso les decían que había un lugar especialmente preparado para los que decidieran regresar. Algunos de ellos no eran de mucha ayuda. Solían regañar a todos los que estaban en el sótano, lo que más bien empeoraba la situación.

No todos estaban en el sótano por la misma razón. Algunos, como el muchacho, pensaban que merecían estar en ese lugar, que si bien les habían dado una oportunidad, no cumplían con las expectativas del nuevo padre. Otros pensaban que no podrían subir las escaleras. Les parecía imposible. Aun si juntaban el valor y la fuerza suficiente para intentarlo, la escalera de expectativas se hacía cada vez más alta y empinada. No podían alcanzar la cima por sus propios medios y fuerzas, y eran demasiado orgullosos para pedir ayuda.

Algunos de los habitantes del sótano juntaban el coraje necesario para subir por un corto tiempo, pero nunca permanecían lo suficiente para resolver sus conflictos y aprender la verdad que les permitiría permanecer allí. Así que regresaban al sótano.

Otros dejaban de intentarlo porque temían la posibilidad de que los rechazaran. Pensaban: *Si me conocieran de veras, me rechazarían. No puedo ser hipócrita y fingir lo que no soy. No merezco su amor.*

Cuando el muchacho recien adoptado llegó por primera vez al sótano, andaba a tientas en la oscuridad, tratando de hallar la forma de sobrevivir allí. Cuanto más permanecía, más se desvanecían los recuerdos de la vida arriba y la esperanza de retornar. Las viejas grabaciones de la infancia lo llevaban a cuestionarse el amor de este nuevo padre y si realmente este estaba dispuesto a adoptarlos.

El ruido de la gente que se divertía arriba los irritaba. Recordaba que las luces de arriba eran cálidas y acogedoras, pero cuando la puerta del sótano se abría, la luz parecía penetrante y reveladora. Recordaba haber oído a su padre adoptivo decir que la mayoría de las personas amaban la oscuridad más que la luz, porque sus obras eran malas.

El niño varias veces había tratado sin entusiasmo de volver a la luz, pero pronto encontraba una esquina oscura en la cual recostarse. Para sobrevivir comía larvas y musgo de las húmedas paredes.

Pero un día un haz de luz penetró en su mente, y la razón volvió. Comenzó a pensar: *¿Por qué no aceptar la misericordia de esta persona que se proclama mi padre? ¿Qué tengo que perder? Aun si tuviera que comer las migajas que caen de su mesa, sería mejor que esto.* Así que, arriesgándose a ser rechazado, subió las escaleras y fue a su padre con la verdad de lo que había hecho.

«Padre», le dijo, «derribé algunos vasos y rompí un jarrón». Sin decir una palabra, su padre lo tomó de la mano y lo guió al comedor. Para sorpresa del niño, ¡el padre le había preparado un banquete!

«Bienvenido a casa, hijo», dijo su padre. «No hay condenación para los que están en Cristo Jesús».

¡Ah, el profundo amor de Jesús y la incomparable gracia de Dios! «Según nos escogió en él antes de la fundación del mundo, para que fuésemos santos y sin mancha delante de él, en amor habiéndonos predestinado para ser adoptados hijos suyos por medio de Jesucristo, según el puro afecto de su voluntad, para alabanza de la gloria de su gracia, con la cual nos hizo aceptos en el Amado» (Efesios 1:4-6).

Si la gente comprendiera bien el amor y aceptación incondicionales de nuestro Padre celestial, nunca se encontrarían en el sótano del rechazo y la autocondenación. Para poder comprender bien el lugar que tenemos en la familia de Dios, debemos entender el evangelio completo y lo que Jesús vino a hacer por nosotros.

## SUS PASOS

María quedó embarazada antes de casarse. Bajo la ley judía podría haber sido apedreada y así hubiera muerto si un ángel no hubiera intervenido. Jesús nació en un medio muy humilde y creció en la casa de un carpintero que no tenía dinero.

Como Jesús no pertenecía a la tribu de Leví, el sacerdocio no le era posible. No tenía una condición social que le proporcionara ventaja alguna ante los líderes romanos y la comunidad judía. Parecía no tener ninguna posesión material. Isaías profetizó al respecto: «*Le veremos, mas sin atractivo para que le deseemos*» (Isaías 53:2).

Jesús no tenía una buena apariencia física ni condición social especial, y su desempeño solo provocaba el rechazo de la sociedad. ¿Cómo podía sentir que valía? Ciertamente todo el rechazo que recibió lo pudo haber quebrantado. Todo lo que podía proclamar era que Él y su Padre Celestial eran uno. Claro, era lo único que necesitaba. Eso es también lo único que nosotros necesitamos.

Jesús nos dio un ejemplo que debemos imitar (vea Juan 13:15) al andar en sus pasos. Nos mostró cómo, con una vida espiritual, una persona puede sobrevivir a este mundo perdido. El modelo que nos dejó fue el de una vida totalmente dependiente de su Padre. El primer Adán, mencionado en Génesis, no pudo hacerlo. A Eva la engañaron y creyó una mentira. El primer Adán eligió andar lejos de Dios. Jesús, el último Adán, dijo: «*No puedo yo hacer nada por mí mismo. Vivo por el Padre. De Dios he salido, y he venido; pues no he venido de mí mismo, sino que él me envió. Las palabras que yo os hablo, no las hablo por mi propia cuenta, sino que el Padre que mora en mí, él hace las obras*» (Juan 5:30; 6:57; 8:42; 14:10).

La prueba decisiva le llegó luego de los cuarenta días de ayuno. Guiado por el Espíritu Santo, Jesús se dirigió al desierto donde Satanás lo tentó. La serpiente le dijo: «*Si eres el Hijo de Dios, ordena a estas piedras que se conviertan en pan*» (Mateo 4:3). Satanás quería que Jesús usara sus atributos divinos independientemente del Padre para salvarse. Jesús le respondió «*No sólo de pan vivirá el hombre, sino de toda palabra que sale de la boca de Dios*» (Mateo 4:4). Cerca del final de su ministerio terrenal, Jesús oró «*Ahora han conocido que todas las cosas que me has dado proceden de ti*» (Juan 17:7).

## Su propósito

Al igual que el primer Adán, Jesús nació espiritual y físicamente vivo. Quiero decir que tanto Adán como Jesús existieron por el Espíritu de Dios. Adán fue creado del polvo de la tierra y Jesús nació de una virgen. Al igual que Adán, Jesús fue tentado en todas las formas posibles; pero a diferencia del primer Adán, Jesús jamás cometió pecado. No perdió su vida espiritual cometiendo algún acto. Su vida espiritual la mantuvo pura hasta la misma cruz, donde derramó su sangre y murió, y al hacerlo llevó sobre sí los pecados del mundo. Dejó su espíritu en las manos del Padre al terminar su vida física (véase Lucas

> **ADÁN Y EVA PERDIERON SU VIDA ESPIRITUAL EN SU CAÍDA. JESÚS VINO AL MUNDO PARA DEVOLVERNOS ESA VIDA PERDIDA.**

23:46). Adán y Eva perdieron su vida espiritual en su caída. Jesús vino al mundo para devolvernos esa vida perdida. Jesús dijo: «Yo he venido para que tengan vida, y para que la tengan en abundancia» (Juan 10:10).

Juan declaró: «En él estaba la vida, y la vida era la luz de los hombres» (Juan 1:4). Observen que la luz no crea vida, sino que la vida produce luz. Jesús dijo: «Yo soy el pan de vida» (Juan 6:48) y «Yo soy la resurrección y la vida; el que cree en mi, aunque esté muerto, vivirá» (Juan 11:25). Dicho de otra forma, los que creen en Jesús seguirán teniendo vida espiritual aun cuando mueran físicamente. Jesús dijo: «Yo soy el camino, y la verdad, y la vida» (Juan 14:6). El valor esencial no es nuestra vida física temporal, sino nuestra vida espiritual eterna.

## El evangelio completo

Jesús es el Mesías que vino a la tierra a morir por nuestros pecados, y si oramos para recibirlo, nuestros pecados serán perdonados e iremos al cielo cuando dejemos nuestro cuerpo físico. Presentar así el evangelio puede llevarnos a dos discrepancias.

En primer lugar, muchas personas entienden sólo la mitad de los beneficios del evangelio. Observémoslo más detenidamente. Si quisiéramos salvar a las personas muertas y tuviéramos el poder de hacerlo, ¿qué haríamos? ¿Darles vida? Sin embargo, si eso es todo lo que hacemos por ellos, morirán nuevamente. Para salvar a las personas muertas (recuerden que todos nacimos muertos en nuestros pecados y transgresiones) tenemos que hacer dos cosas. Primero, curar la enfermedad que les causó la muerte. La Biblia dice que «la paga del pecado es muerte» (Romanos 6:23). Jesús vino y murió en la cruz por nuestros pecados. ¿Es eso todo el evangelio? ¡No! El versículo finaliza diciendo que «la dádiva de Dios es vida eterna en Cristo Jesús Señor nuestro». Damos gracias a Dios por el Viernes Santo, pero lo que los cristianos celebramos cada Domingo de Pascua es la Resurrección. Cuando dejamos la parte de la Resurrección fuera de la presentación del evangelio, la gente piensa que ellos son sólo pecadores perdonados y no los santos redimidos que en realidad somos «en Cristo». En su autopercepción, son la misma persona, con la diferencia de que fueron perdonados. Y no es verdad. En Cristo somos nuevas criaturas (véase 2 Corintios 5:17).

El segundo problema con la presentación del evangelio es que las personas tienden a pensar que la vida eterna es algo que reciben cuando mueren, y esa es una declaración incorrecta. Leamos 1 Juan 5:11-12: «Y este es el testimonio: que Dios nos ha dado vida eterna; y esta vida está en su Hijo. El que tiene al Hijo, tiene la vida; el que no tiene al Hijo de Dios no tiene la vida». Si no tenemos vida espiritual (eterna) antes de morir físicamente, lo único que podemos esperar es el infierno.

## Aquel que hace la diferencia

La diferencia entre el primer Adán y el último es la diferencia que existe entre la vida y la muerte. En 1 Corintios 15:22, Pablo escribe: «Así como en Adán todos mueren, también en Cristo todos serán vivificados». El hecho de estar vivos espiritualmente se refleja en el Nuevo Testamento con las frases preposicionales «en Cristo», «en Él» o «en el Amado». Estas son algunas de las frases preposicionales más repetidas en el Nuevo Testamento, y que solamente en el libro de Efesios se mencionan aproximadamente en cuarenta ocasiones. Estar «en Cristo» significa que nuestras almas están en comunión con Dios. Cada creyente puede decir como Pablo: «Con Cristo estoy juntamente crucificado, y ya no vivo yo, mas vive Cristo en mí; y lo que ahora vivo en la carne, lo vivo en la fe del Hijo de Dios, el cual me amó y se entregó a sí mismo por mí» (Gálatas 2:20).

Por cada pasaje bíblico que nos dice «Cristo en ti» hay diez que enseñan que estamos «en Cristo». Esta es la base principal de la teología de Pablo:

> Por esto mismo os he enviado a Timoteo, que es mi hijo amado y fiel en el Señor, el cual os recordará mi proceder *en Cristo*, de la manera que enseño en todas partes y en todas las iglesias (1 Corintios 4:17, énfasis añadido).

> Por tanto, de la manera que habéis recibido al Señor Jesucristo, andad *en él*; arraigados y sobreedificados *en él* (Colosenses 2:6-7, énfasis añadido).

Observemos los primeros cinco versículos del libro de Efesios:

> Pablo, apóstol de Jesucristo por la voluntad de Dios, a los santos y fieles en Cristo Jesús que están en Éfeso: Gracia y paz a vosotros, de Dios nuestro Padre y del Señor Jesucristo.

Bendito sea el Dios y Padre de nuestro Señor Jesucristo, que nos bendijo con toda bendición espiritual en los lugares celestiales en Cristo, según nos escogió en él antes de la fundación del mundo, para que fuésemos santos y sin mancha delante de él, en amor habiéndonos predestinado para ser adoptados hijos suyos por medio de Jesucristo, según el puro afecto de su voluntad.

Ahora veamos como se relacionan esos versículos con nuestra identidad en Cristo:

1. Nos llaman santos (v. 1)
2. Nos llaman fieles (v. 1)
3. Tenemos la gracia de Dios, nuestro Padre, y de Jesucristo (v. 2)
4. Tenemos la paz de Dios, nuestro Padre, y de su Hijo Jesucristo (v. 2)
5. Ya hemos recibido las bendiciones espirituales (en Él) en los lugares celestiales (v. 3)
6. Dios nos escogió (en Él) antes de la creación del mundo (v. 4)
7. Nos escogió para ser santos (en Él) (v. 4)
8. Nos escogió para ser hombres sin mancha (v. 4)
9. Dios nos ama (v. 4)
10. Nos adoptó como hijos suyos, según el propósito de su voluntad (v. 5)

Les animamos a leer el resto del libro de Efesios para que observen las bendiciones de estar vivos en Cristo. El problema es que, como seres humanos, no lo vemos. Por esto, Pablo ora: «Pido también que les sean iluminados los ojos del corazón para que sepan a qué esperanza él los ha llamado, cuál es la riqueza de su gloriosa herencia entre los santos» (Efesios 1:18, NVI).

## Nuevo nacimiento

Nuestra herencia natural no nos garantiza una herencia espiritual futura. Juan escribió: «Mas a todos los que le recibieron, a los que creen en su nombre, les dio potestad de ser hechos hijos de Dios; los cuales no son engendrados de sangre, ni de voluntad de carne, ni de voluntad de varón, sino de Dios» (Juan 1:12-13). Este pasaje es real y se aplica a su vida incluso si es hijo de un famoso evangelista.

Cuando Billy Graham obtuvo reconocimiento en el ámbito nacional, eran tantos los turistas que visitaban su casa diariamente en las afueras de *Asheville*, en Carolina del Norte, que tuvieron que comprar unos terrenos en una región montañosa y construir allí una casa en la pudieran gozar de un poco de privacidad. Dado que el Dr. Graham pasaba mucho tiempo fuera de la casa, su esposa Ruth supervisó la construcción de la nueva casa junto a Franklin, su hijo mayor, quien estaba muy intrigado por los trabajadores, sus herramientas y especialmente por sus cigarrillos.

«Descubrí que si corría rápido cuando ellos tiraban los cigarrillos», contó Franklin después, «la colilla todavía estaba encendida. La recogía y le daba una fumada, pensando que nadie se daría cuenta».[1]

Ruth Graham muchas veces se daba cuenta, le quitaba el cigarrillo y lo aleccionaba sobre los demonios del vicio. Los trabajadores parecían disfrutar del espectáculo, y tiraban los cigarrillos encendidos cerca de Franklin. Un mal hábito comenzó a temprana edad.

En un esfuerzo por romper con el hábito de Franklin, Ruth pidió prestado un paquete entero de cigarrillos, sacó uno y se lo dio. «Ahora enciéndelo y fúmalo», chasqueó, «y asegúrate de inhalar el humo». Quería que a Franklin le desagradara y perdiera su deseo de fumar. Después del segundo cigarrillo, se sintió mal, corrió al baño y vomitó. Pero tercamente volvió por más y al anochecer ya se había fumado los veinte cigarrillos.

Luego de muchos años de rebeldía, el joven Franklin entregó su vida a Jesucristo. Se sorprendió al descubrir que su adicción al cigarrillo era tan intensa como siempre. Quería dejar de fumar, pero parecía no poder dejar el vicio. Luego contaría que se despertaba en medio de la noche con «un terrible —casi aterrador— deseo de fumarme un cigarrillo. Era tan grande el deseo de fumar que no podía pensar en otra cosa. Y el deseo se intensificaba a cada minuto. Durante el día, el anhelo me agarraba como las mandíbulas de un perro de rastro».[2]

Finalmente, le confesó sus luchas a su amigo Roy Gustafson.

—Roy, dejé de fumar, pero creo que no voy a poder mantenerme así. No creo tener el poder para decir no por más tiempo.

—No puedes, ¿eh? —le respondió Roy mirándolo desde una hamburguesa—. ¿Por qué no te tiras de rodillas y le dices a Dios que es un mentiroso?

—¡Qué! —respondió Frank—. ¡Yo no puedo hacer eso!

Roy citó 1 Corintios 10:13: «No os ha sobrevenido ninguna tentación que no sea humana; pero fiel es Dios, que no os dejará ser tentados más de lo que podéis resistir, sino que dará también juntamente con la tentación la salida, para que podáis soportar».

> LA MADUREZ INSTANTÁNEA NO EXISTE.
> NOS TOMARÁ TIEMPO AMOLDARNOS
> A LA IMAGEN DE DIOS.

Entonces miró a Franklin, y le dijo sin rodeos:

—Lo que necesitas hacer es decirle a Dios que es un mentiroso. Te aferraste a este versículo y no dio resultado.

—Yo no voy a llamar mentiroso a Dios —respondió Franklin alarmado—. Además, no me he aferrado a ese versículo.

—¿Ah, no? Entonces, ¿por qué no lo haces?[3]

Franklin se agarró de lo que dice ese versículo. Y le dio resultado.

¿Cómo puede ser que el hijo de uno de los evangelistas más famosos del mundo tenga problemas espirituales? ¡Porque sí! Porque él también nació muerto en sus transgresiones y pecados (como todos nosotros) y aprendió (como todos nosotros) a vivir independiente de Dios. Todos adoptamos los valores de este mundo. La salvación nos saca del reino de la oscuridad y nos sitúa en el reino del amado Hijo de Dios (véase Colosenses 1:13). Ya no estamos en Adán; estamos en Cristo, pero aún conservamos muchos de los viejos conceptos sobre nosotros. La madurez instantánea no existe. Nos tomará tiempo amoldarnos a la imagen de Dios. Nuestra vieja autoimagen está siendo renovada mientras somos transformados por la renovación de nuestra mente.

El éxito se alcanza con *Podemos* y el fracaso con *No Podemos*. Creer que podemos hacer algo nos toma el mismo esfuerzo que creer que no podemos hacerlo. Así que, ¿por qué no creer que *podemos* caminar por fe en el poder del Espíritu Santo, que *podemos* resistir las tentaciones de este mundo, la carne y el diablo y que *podemos* crecer como cristianos? Es elección nuestra. Los siguientes veinte *Podemos*, basados en la Palabra de Dios, ampliarán su conocimiento de Dios. Construir nuestra fe absorbiendo su Palabra y su verdad nos llevará de la esfera del *No podemos* a la del *Podemos* de una vida recta.

## VEINTE *PODEMOS* DEL ÉXITO

1. ¿Por qué voy a decir que no puedo si la Biblia dice que todo lo puedo en Cristo que me fortalece? Véase Filipenses 4:13.

2. ¿Por qué voy a preocuparme por mis necesidades cuando sé que Dios me suplirá todo lo que necesite conforme a sus riquezas en gloria en Cristo Jesús? Véase Filipenses 4:19.

3. ¿Por qué voy a temer si puedo sentir que Dios no me ha dado un espíritu de temor, sino de poder, amor y dominio propio? Véase 2 Timoteo 1:7.

4. ¿Por qué no voy a tener fe suficiente para vivir por Cristo si Dios me ha dado una medida de fe? Véase Romanos 12:3.

5. ¿Por qué voy a ser débil si la Biblia dice que el Señor es la fortaleza de mi vida y que puedo esforzarme y actuar porque conozco a mi Dios? Véase Salmo 27:1; Daniel 11:32.

6. ¿Por qué voy a permitir que Satanás controle mi vida cuando sé que el que está en mí es mayor que el que está en el mundo? Véase 1 Juan 4:4.

7. ¿Por qué voy a aceptar la derrota cuando la Biblia dice que Dios nos lleva siempre en triunfo? Véase 2 Corintios 2:14.

8. ¿Por qué no voy a tener sabiduría si sé que Dios ha hecho a Cristo nuestra sabiduría y Dios me da sabiduría en abundancia cuando se la pido? Véase 1 Corintios 1:30; Santiago 1:5.

9. ¿Por qué voy a estar deprimido si tengo esperanza y puede recapacitar y recordar el gran amor del Señor, su compasión y fidelidad? Véase Lamentaciones 3:21-23.

10. ¿Por qué voy a estar preocupado y molesto cuando puedo echar todas mis ansiedades sobre Cristo, porque Él tiene cuidado de mí? Véase 1 Pedro 5:7.

11. ¿Por qué voy a ser esclavo si sé que donde está el Espíritu del Señor hay libertad? Véase 2 Corintios 3:17.

12. ¿Por qué voy a sentirme condenado si la Biblia dice que no hay ninguna condenación para los que están en Cristo Jesús? Véase Romanos 8:1.

13. ¿Por qué voy a sentirme solo si Jesús dijo que estaría conmigo siempre y que nunca me desampararía ni dejaría? Véase Mateo 28:20; Hebreos 13:5.

14. ¿Por qué voy a sentirme maldecido o con mala suerte si la Biblia dice que Cristo me rescató de la maldición de la Ley para que por la fe pueda recibir el Espíritu? Véase Gálatas 3:13-14.

15. ¿Por qué voy a ser infeliz cuando, como Pablo, puedo aprender a contentarme independientemente de las circunstancias? Véase Filipenses 4:11.

16. ¿Por qué voy a sentirme sin valor cuando sé que Cristo pagó mis pecados para que fuésemos hechos justicia de Dios? Véase 2 Corintios 5:21.

17. ¿Por qué voy a sentirme desamparado en la presencia de otros cuando sé que si Dios está conmigo nadie puede estar contra mí? Véase Romanos 8:31.

18. ¿Por qué voy a estar confundido si Dios es el autor de la paz y me da conocimiento a través de su Espíritu que vive en mí? Véase 1 Corintios 2:12; 14:33.

19. ¿Por qué voy a sentirme un fracasado si a través de Cristo soy más que vencedor? Véase Romanos 8:37.

20. ¿Por qué voy a dejar que las presiones de la vida me molesten si puedo tener coraje para enfrentarlas sabiendo que Jesús ha vencido al mundo y sus problemas? Véase Juan 16:33.

## Profundicemos más

1. ¿Te has sentido alguna vez como si estuvieras viviendo en el sótano mientras que otros creyentes disfrutan de la camaradería de Dios y los demás? ¿Cuándo te sucedió esto y por qué?

2. ¿Cuál es la diferencia entre el primer Adán y el último Adán?

3. ¿De qué forma te impactaron los versículos que te muestran quién eres realmente en Cristo?

4. ¿Cuáles de los Veinte Podemos del Éxito son evidentes en tu vida y cuáles necesitas comenzar a creer para tener una vida productiva?

## Capítulo 5

# Una nueva identidad

*Un santo nunca es conscientemente un santo, sino que es conscientemente dependiente de Dios.*
OSWALD CHAMBERS

*Dios crea de la nada. Maravilloso, podrá decir. Ciertamente, pero Él hace algo todavía más maravilloso: hace santos de pecadores.*
SOREN KIERKEGAARD

La esclavitud se abolió en los Estados Unidos el 18 de diciembre de 1865 gracias a la Decimotercera Enmienda. ¿Cuántos esclavos había el 19 de diciembre? En realidad, ninguno; pero muchos siguieron viviendo como esclavos porque nunca les fue comunicada esa verdad. Otros escucharon las buenas nuevas pero continuaron viviendo como esclavos sencillamente porque eso era lo que le habían enseñado y mantuvieron su autoimagen negativa.

Los dueños de las plantaciones quedaron devastados con esta proclama de emancipación. ¡Estamos arruinados! La esclavitud ha sido abolida, hemos perdido la posibilidad de seguir teniendo esclavos. Pero el portavoz principal respondió: No necesariamente. Mientras ellos sigan pensando que son esclavos, la proclama de emancipación no tendrá efectos prácticos. Ya no tenemos derechos legales sobre ellos, pero muchos no lo saben todavía. ¡Evitemos que nuestros esclavos sepan la verdad y seguiremos teniendo el control sobre ellos!

Pero, ¿qué si la noticia se propaga?

No se asusten. Tenemos otra oportunidad. Tal vez no podamos evitar que se enteren, pero todavía tenemos la posibilidad de engañarlos. No en balde me llaman el padre de la mentira. Sólo díganles que malinterpretaron la Decimotercera Enmienda. Díganles que van a ser libres en un futuro pero que todavía no son libres. La verdad que escucharon es una verdad provisional, no la verdad definitiva. Algún día recibirán los beneficios, pero todavía no.

Pero ellos seguramente esperan que les digamos algo así. No nos creerán

Entonces elijan a algunos de los más persuasivos de entre ellos que están convencidos de que siguen siendo esclavos, y dejen que ellos hablen por ustedes. Recuerden que la mayoría de estos nacieron siendo esclavos y han vivido como tales toda la vida. Lo que tenemos que hacer es engañarlos para que crean que siguen siendo esclavos. Mientras continúen haciendo lo que los esclavos hacen, no será difícil convencerlos de que todavía son esclavos. Mantendrán su identidad de esclavos gracias a las tareas que realizan. En cuanto traten de afirmar que ya no son esclavos, susúrrenles al oído: ¿Cómo se te ocurre pensar que ya no eres esclavo si siguen haciendo lo que los esclavos hacen? Además, tenemos la capacidad de estar acusando a los hermanos día y noche.

Años después, muchos esclavos todavía no habían escuchado la maravillosa noticia de que habían sido liberados, así que naturalmente seguían viviendo de la misma forma que siempre habían vivido. Algunos esclavos habían escuchado las buenas nuevas, pero las habían evaluado a la luz de sus actividades y sentimientos. Pensaron: Yo todavía vivo aquí, y hago las mismas cosas que siempre he hecho. Mi experiencia personal me dice que seguramente no soy libre. Me siento igual que antes de la proclama, así que esta no debe ser verdad. Nuestros sentimientos siempre dicen la verdad. Y continuaron viviendo de acuerdo a cómo se sentían, y no querían ser hipócritas.

Un antiguo esclavo oyó las buenas nuevas, y las recibió con gran júbilo. Investigó la validez de la proclama y descubrió que la suprema autoridad era quien había originado el decreto. No solo eso, sino que a esa autoridad le había costado un precio muy alto, el que con gusto pagó para que los esclavos pudieran ser libres. A consecuencia de eso, la vida del esclavo se transformó. Correctamente razonó que sería hipócrita dejarse guiar por sus sentimientos y no por la verdad. Decidido a vivir por lo que sabía que era la verdad, su experiencia comenzó a cambiar bastante radicalmente. Se dio cuenta de que su antiguo dueño ya no tenía autoridad sobre él y que no tenía que seguir obedeciéndole. Gustosamente sirve a aquel que lo liberó.[1]

## UNA VERDADERA PROCLAMA DE EMANCIPACIÓN

La Palabra de Dios es nuestra proclama de emancipación. Todos éramos esclavos del pecado pero «Cristo nos libertó para que vivamos en libertad» (Gálatas 5:1, NVI). Cada hijo de Dios, nacido de nuevo, vive y es libre en Cristo, pero ¿cuántos de ellos viven en libertad y tienen vidas productivas? ¿Cuántos comprenden realmente lo que significa ser un hijo de Dios? El sistema del mundo nos ha condicionado a creer que somos lo que hacemos. Así que somos plomeros, carpinteros o amas de casa. Algunos se creen diferentes por su raza, religión, cultura

> CADA HIJO DE DIOS, NACIDO DE NUEVO, VIVE Y ES LIBRE EN CRISTO, PERO ¿CUÁNTOS DE ELLOS VIVEN EN LIBERTAD Y TIENEN VIDAS PRODUCTIVAS?

o condición social. En el Reino de Dios estas distinciones no existen y tiene una forma diferente por la que debemos identificarnos. El apóstol Pablo lo explica:

> No mintáis los unos a los otros, habiéndoos despojado del viejo hombre con sus hechos, y revestido del nuevo, el cual conforme a la imagen del que lo creó se va renovando hasta el conocimiento pleno, donde no hay griego ni judío, circuncisión ni incircuncisión, bárbaro ni escita, siervo ni libre, sino que Cristo es el todo, y en todos (Colosenses 3:9-11).

Además, en el Reino de Dios no existe la discriminación sexual. En Gálatas 3:28, Pablo aclara: «No hay varón ni mujer». Eso no significa que se abolió la identidad sexual en el ámbito físico, sino que cada creyente nacido de nuevo es un hijo de Dios sin importar su sexo. El punto aquí es: lo que hacemos, dónde vivimos o a qué clase social pertenecemos no determina quiénes somos. Lo que somos determina qué hacemos y esa es la razón por la cual el Espíritu Santo da testimonio a nuestro espíritu que somos hijos de Dios.

Es también erróneo razonar: «¿Qué experiencia debe uno tener para que esto sea verdad?» La única experiencia que se necesita sucedió hace más de dos mil años y la única forma por la que podemos acceder a ella es por la fe. No convertimos nada en realidad ni por medio de nuestra experiencia ni por nuestras creencias. Lo que Dios dice es verdad sin importar si lo creemos o no. La verdad no está condicionada por nuestra creencia en ella, pero nosotros, como seres humanos, sí lo estamos. Elegimos creer que lo que Dios dice es verdad y entonces caminamos conforme a la fe y a las obras. Tratar de hacer realidad nuestra fe por medio de nuestra experiencia nos llevará a una búsqueda sin fin y a esfuerzos infructuosos.

No trabajamos en la viña del Señor con la esperanza de que Dios pueda amarnos algún día. No. Dios nos ama y es por eso que trabajamos en su viña. No hacemos lo que hacemos con la esperanza de que Dios nos acepte algún día. No. Dios nos acepta y es por eso que hacemos lo que hacemos. Saber que somos nuevas criaturas en Cristo nos da la libertad necesaria para ser y hacer todo lo que Dios nos ha llamado a ser y hacer. No podemos comportarnos de manera incongruente con lo que creemos sobre nosotros mismos. Así que, ¿quiénes somos? Según 1 Juan 3:1-3, somos hijos de Dios y creer esta verdad nos guiará a la purificación:

> Mirad cuál amor nos ha dado el Padre, para que seamos llamados hijos de Dios; por esto el mundo no nos conoce, porque no le conoció a él. Amados, ahora somos hijos de Dios, y aún no se ha manifestado lo que hemos de ser; pero sabemos que cuando él se manifieste, seremos semejantes a él, porque le veremos tal como él es. Y todo aquel que tiene esta esperanza en él, se purifica a sí mismo, así como él es puro.

## ¿Pecador o santo?

Pensando terrenalmente, podemos concluir que los creyentes somos todos pecadores porque todos pecamos. Entonces como todos escribimos, ¿somos todos *escritores*? La Biblia no identifica a los creyentes como pecadores, sino como santos que pecan. Literalmente, un santo es una persona sagrada pero la sola designación no describe nuestro crecimiento en carácter, sino que define nuestra posición en Cristo. Por ejemplo, la salutación de Pablo en 1 Corintios 1:2 es la siguiente:

> A la iglesia de Dios que está en Corinto, a los santificados en Cristo Jesús, llamados a ser santos con todos los que en cualquier lugar invocan el nombre de nuestro Señor Jesucristo, Señor de ellos y nuestro.

Pablo no dice que somos santos por nuestro trabajo, sino que declara que somos santos por llamado. Dada la conducta profana de muchos creyentes, la palabra «santo» ha sido reservada solamente para aquellos que exhiben un carácter y una conducta superior. La Biblia, por otro lado, identifica a los creyentes como santos (véase Romanos 1:7; 2 Corintios 1:1; Filipenses 1:1). En otras versiones los creyentes son llamados santos, sagrados o justos en más de doscientas ocasiones mientras que los no creyentes son llamados pecadores en más de trescientas ocasiones. Es claro que, en las Escrituras, el término «santo» se refiere al creyente y el término «pecador» al que no es creyente.

Si bien el Nuevo Testamento nos da mucha evidencia de que el creyente peca, nunca lo identifica claramente como un pecador. ¿Qué les parece lo que Pablo dice de sí mismo en cuanto a que es el primero de todos los pecadores (1 Timoteo 1:15)? Si bien el apóstol utiliza el tiempo verbal en presente, algunos argumentos hacen evidente que su autodescripción es una referencia a su férrea oposición al evangelio antes de convertirse. Él *era* el primero de todos los pecadores porque nadie se oponía al plan de Dios con más fervor que él. Existen varias razones que indican que este pasaje se refiere a la vida de Pablo antes de convertirse a Cristo.

Primero, la autorreferencia que Pablo hace de él como un pecador corresponde a la primera mitad del versículo: «Cristo Jesús vino al mundo para salvar a los pecadores» (1 Timoteo 1:15). La referencia a los «impíos y pecadores» (1 Timoteo 1:9) junto con otros usos del término «pecadores» que hace el Nuevo Testamento muestra que los pecadores que Cristo vino a salvar eran personas estaban fuera de la salvación más bien que creyentes que podían elegir pecar.

En segundo lugar, la referencia de Pablo a sí mismo como pecador es seguida por la afirmación: «pero por esto fui recibido [tiempo pasado] a misericordia» (versículo 16), que apunta claramente al tiempo anterior a su conversión. Pablo se maravilla de la misericordia de Dios hacia él, que había sido el peor de los pecadores.

Una autoevaluación en presente basada en el pasado se ve cuando el apóstol dice: «Porque yo soy [presente] el más pequeño de los apóstoles, que no soy digno de ser llamado apóstol, porque perseguí a la iglesia de Dios» (1 Corintios 15:9). Por esta acción pasada, Pablo se consideraba indigno en el presente de lo que era: un apóstol en nada «inferior a los más grandes apóstoles» (2 Corintios 12:11).

Tercero, aunque declara que es el peor pecador, el apóstol a la vez declara que Cristo lo ha fortalecido para el ministerio tras considerarlo «fiel» y «confiable» para el ministerio para el que fue llamado (versículo 12). El término «pecador», por tanto, no lo describe como creyente sino que se usa a modo de recordatorio de lo que era antes de que Cristo tomara control de su vida.

Las únicas otras referencias en las Escrituras que podrían referirse a los cristianos como pecadores las hallamos en Santiago. El primer «limpiad las manos» (Santiago 4:8) es una de las diez órdenes verbales que instigan a quienes lean esta epístola a que de manera decidida rompan con su vieja vida. Esta es la mejor muestra del llamado al lector hacia el arrepentimiento y en consecuencia a la salvación. El segundo uso del término «pecador» está en Santiago 5:19-20 y parece hacer una referencia similar a los que no son creyentes. El pecador debe volverse de sus caminos para salvarse de la muerte. Dado que lo más probable es que esto se refiera a muerte espiritual, sugiere que la persona no es creyente. En ambas citas, Santiago utiliza el término pecador como lo solían usar los judíos al referirse a cualquiera que desdeñara la ley de Dios e hiciera caso omiso de las normas de la moralidad.

El hecho de que estos pecadores estén incluidos dentro de los destinatarios de la carta no significa necesariamente que fueran creyentes.

> COMO CREYENTES, NO TRATAMOS DE CONVERTIRNOS EN SANTOS; SOMOS SANTOS QUE ESTAMOS LLEGANDO A SER COMO CRISTO.

La Palabra nos enseña que personas que no son creyentes pueden estar entre los santos (véase 1 Juan 2:19), como sabemos que sucede hoy en día en nuestras iglesias. Referirse a ellos como pecadores encaja en la descripción de personas que no se han arrepentido ni han aceptado la fe en Dios, ya que el resto de las Escrituras identifica claramente a los creyentes como santos que aún pueden llegar a pecar.[2]

El estatus de santos es paralelo al concepto de ser llamados o elegidos por Dios. Por el llamado o elección de Dios, los creyentes son apartados y desde ese momento pasan a formar parte de la esfera de su santidad. Comenzamos nuestro caminar con Dios como bebés inmaduros en Cristo, pero ciertamente somos hijos de Dios. Somos santos que pecan, pero contamos con todos los recursos para tratar de evitar y rechazar el pecado. Las palabras de Pablo a los Efesios son una interesante combinación de estos dos conceptos de santidad. Luego de llamarlos «santos» en el versículo 1 pasa a declarar que Dios «nos escogió en él [Cristo] antes de la fundación del mundo, para que fuésemos santos y sin mancha delante de él» (Efesios 1:4). Ellos ya eran santos en Cristo por elección de Dios, pero el propósito era que maduraran en carácter mientras se amoldaban a la imagen de Dios.

Como creyentes, no tratamos de convertirnos en santos; somos santos que estamos volviéndonos como Cristo. Esto no niega en lo absoluto nuestra lucha continua contra el pecado, pero nos da esperanza para el futuro. Muchos cristianos son dominados por la carne y engañados por el pecado, pero decirle a los cristianos que son pecadores y disciplinarlos si no actúan como santos parece contraproducente en el mejor de los casos, e incongruente con la Palabra de Dios.

## Lo que es verdad

Desde que nos convertimos en santos en Cristo por el llamado de Dios, compartimos la herencia de Cristo.

> El Espíritu mismo da testimonio a nuestro espíritu, de que somos hijos de Dios. Y si hijos, también herederos; herederos de Dios y coherederos con Cristo (Romanos 8:16-17).

Cada cristiano se identifica con Cristo:

1. En su muerte       Ro 6:3; Gá 2:20; Col 3:1-3
2. En su sepultura    Ro 6:4
3. En su resurrección Ro 6:5, 8,11
4. En su ascensión    Ef 2:6
5. En su vida         Ro 6:10-11
6. En su poder        Ef 1:19-20
7. En su herencia     Ro 8:16-17; Ef 1:11-12

La lista que sigue desglosa en primera persona quiénes somos realmente en Cristo. Estos son algunos de los rasgos espirituales que reflejan lo que cada uno de nosotros ha pasado a ser cuando nació de nuevo. No podemos ganarlas ni comprarlas al igual que una persona nacida en un país dado no puede comprar los derechos y libertades que le corresponden por ser ciudadano de ese país. Estos derechos están garantizados en la constitución de ese país para todos aquellos que nacen allí. De igual manera, los derechos que tenemos por ser hijos de Dios están garantizados en la Palabra de Dios simplemente porque nacimos en la familia santa de Dios por la fe en Cristo.

## ¿QUIÉN SOY?

Soy la sal de la tierra (Mateo 5:13).

Soy la luz del mundo (Mateo 5:14).

Soy un hijo de Dios (Juan 1:12).

Soy parte del vino nuevo, un canal de vida en Cristo (Juan 15:1,5).

Soy amigo de Cristo (Juan 15:15).

Soy un elegido de Dios y puesto para llevar fruto (Juan 15:16).

Soy un esclavo de la justicia (Romanos 6:18).

Soy un esclavo de Dios (Romanos 6:22).

Soy un hijo de Dios; Dios es mi Padre espiritual (Romanos 8:14-15; Gálatas 3:26; 4:6).

Soy coheredero con Cristo (Romanos 8:17).

Soy un templo de Dios. Su Espíritu habita en mí (1 Corintios 3:16; 6:19).

Soy uno con Dios en espíritu porque estoy unido a Él (1 Corintios 6:17).

Soy un miembro del Cuerpo de Cristo (1 Corintios 12:27; Efesios 5:30).

Soy una nueva criatura (2 Corintios 5:17).

Soy un ministro de la reconciliación (2 Corintios 5:18-19).

Soy hijo de Dios y uno en Cristo (Gálatas 3:26,28).

Soy heredero de Dios porque soy un hijo de Dios (Gálatas 4:6-7).

Soy un santo (Efesios 1:1; 1 Corintios 1:2; Filipenses 1:1, Colosenses 1:2).

Soy hechura de Dios, creados en Cristo Jesús para buenas obras (Efesios 2:10).

Soy conciudadano del resto de la familia de Dios (Efesios 2:19).

Soy prisionero de Cristo (Efesios 3:1; 4:1).

Soy justo y santo (Efesios 4:24).

Soy ciudadano del cielo, sentado con Él en las regiones celestiales (Filipenses 3:20; Efesios 2:6).

Soy una persona cuya vida está escondida con Cristo en Dios (Colosenses 3:3).

Soy una expresión de la vida de Cristo porque Él es mi vida (Colosenses 3:4).

Soy un elegido de Dios, santo y amado (Colosenses 3:12; 1 Tesalonicenses 1:4).

Soy un hijo de la luz, no de la oscuridad (1 Tesalonicenses 5:5).

Soy un santo participante del llamamiento celestial (Hebreos 3:1).

Soy participante de Cristo; participo de su vida (Hebreos 3:14).

Soy una de las piedras vivas de Dios con las que Cristo está edificando una casa espiritual (1 Pedro 2:5).

Soy miembro de un linaje escogido, real sacerdocio, nación santa, pueblo que pertenece a Dios (1 Pedro 2:9-10).

Soy extranjero y peregrino en este mundo, pues en él vivo temporalmente (1 Pedro 2:11).

Soy un enemigo del diablo (1 Pedro 5:8).

Soy un hijo de Dios y cuando Cristo regrese seré como Él (1 Juan 3:1-2).

Soy nacido de Dios, y el maligno no puede tocarme (1 Juan 5:18).

> Yo *no* soy el gran «YO SOY» (Éxodo 3:14; Juan 8:24,28,58) pero por la gracia de Dios soy lo que soy (1 Corintios 15:10).

## QUIÉN USTED ES

Si usted es un Hijo de Dios que ha nacido de nuevo, todos y cada uno de los versículos que hemos señalado son verdad en cuanto a su vida, y no hay nada que pueda hacer para que sean más verdad o menos verdad. Su autoimagen mejorará y, en consecuencia, también su conducta si toma la decisión consciente de creer lo que Dios ha dicho sobre usted. No estará orgulloso si lo hace, pero se sentirá derrotado si no lo hace. Una de las mejores formas de ayudarlo a crecer en Cristo es recordarle continuamente quién es usted en Él. Le sugiero que repase la lista en voz alta ahora mismo. Léala una o dos veces por día durante una semana o dos. Léala cuando piense que Satanás trata de engañarlo y hacerlo creer que es un don nadie fracasado.

Cuanto más reafirme quién es usted en Cristo, más reflejará su conducta su verdadera identidad. Con respecto a Romanos 6, John Stott, un escritor y líder cristiano británico, comentó que la «necesidad de recordar quiénes somos, [es la forma] en que Pablo sitúa su teología al nivel de la experiencia diaria práctica».[3] Stott escribe:

> Así que, en la práctica, deberíamos recordar constantemente quiénes somos. Necesitamos aprender a hablar con nosotros mismos y preguntarnos: «Lo sabes, ¿verdad? ¿Sabes lo que significa tu conversión y bautismo? ¿Sabes que te has unido a Cristo en su muerte y resurrección? ¿Sabes que eres un esclavo de Dios y que te comprometiste a serle obediente? ¿Sabes todas estas cosas? ¿Sabes quién eres?» Debemos apremiarnos con estas preguntas hasta que respondamos: «Sí, yo sé quién soy, soy una nueva persona en Cristo, y por la gracia de Dios viviré conforme a ello».[4]

Un hombre manejó cientos de kilómetros para asistir a uno de nuestros seminarios «Libres en Cristo» y durante el regreso a su casa decidió poner en práctica las declaraciones de «¿Quién soy?» como su lista personal de oración. Mientras conducía de regreso oraba por cada característica que contenía la lista, una por una, y le pedía a Dios que las grabara en su mente. Viajó casi cinco horas orando con los versículos de la lista de ¿Quién soy? Cuando le preguntamos sobre el impacto que esta experiencia tuvo en su vida, respondió sonriente: «Me transformó».

Uno de mis estudiantes, que utilizó este material en una clase del seminario, tenía problema con la cuestión de su identidad en Cristo. Luego de la clase, me envío esta nota:

> Estimado Dr. Anderson:
>
> Al repasar el material presentado en clase este semestre, me di cuenta que recibí iluminación y libertad en muchos aspectos. Creo que el material más significativo para mí se relaciona con el hecho de que en Cristo tengo importancia, aceptación y seguridad. Mientras meditaba en el material, me di cuenta que podía vencer muchos problemas con los que luché durante años, tales como miedo al fracaso, sentimientos de inutilidad y una sensación general de incompetencia.
>
> Comencé a estudiar y a orar los enunciados de ¿Quién soy? presentados en clase. Recurrí a esa lista muchas veces durante el semestre, especialmente cuando me sentía atacado con el miedo o la falta de capacidad. Pude presentar el material en una de mis clases en la iglesia y muchos de mis estudiantes han experimentado también una nueva libertad en sus vidas. Nunca podré expresar con suficiente entusiasmo la ayuda que es a las personas entender quiénes son en Cristo. En mi futuro ministerio voy a hacer de esto una parte esencial de mis enseñanzas y mi orientación.

## Profundicemos más

1. ¿Qué es lo que lo ha esclavizado a usted?

2. ¿Cuál es la definición de pecador? ¿Cuál la de santo?

3. ¿Cómo se identifican los creyentes con Cristo?

4. ¿Cómo pueden los enunciados de *¿Quién soy?* ayudarle a reafirmar su nueva identidad y fe?

## CAPÍTULO 6

# MÍRESE COMO REALMENTE ES

*Un santo se hace sólo por gracia; y quien dude de esto
no sabe qué es un santo o un hombre.*
BLAISE PASCAL

*Ser como Cristo es la única cosa en el mundo por la que debemos preocuparnos,
delante de la cual cada ambición humana es una locura
y los demás logros vanos.*
HENRY DRUMMOND

Claire asistía a una actividad de la iglesia entre los universitarios en la cual yo participaba desde hacía un par de años. En nuestro sistema del mundo físico y material, Claire no tenía mucho a su favor. Era una muchacha común. Su padre era un alcohólico empedernido que había abandonado a su familia. Su madre tenía ahora dos trabajos no muy buenos para poder cubrir las necesidades. Su hermano mayor era un adicto a las drogas que a veces vivía en la casa y a veces no .

Cuando la conocí, me apareció una de esas por las que nadie se interesa. Me pregunté cómo la recibirían en la cultura universitaria, donde todos están enamorados de la belleza física y el éxito material. Pero para sorpresa agradable mía, todos en el grupo la querían y les gustaba estar con ella. Tenía muchos amigos y llegó a casarse con el chico más simpático de la universidad.

¿Cuál era su secreto? Claire simplemente se aceptaba como lo que Dios decía que ella era, y confiadamente se comprometió a cumplir con la meta más importante que Dios tenía para su vida: amar a la gente y crecer en Cristo. Ella no era una amenaza para nadie. Al contrario, era tan positiva y se preocupaba tanto por los demás que todos la querían.

Mucho antes de que el Ministerio Libres en Cristo existiera, yo estaba convencido de que muchos creyentes no sabían quiénes eran en Cristo. Así que organicé una conferencia sobre identidad espiritual. Lo hice tanto por mí mismo como por aquellos que asistirían. Yo estaba abrumado por la acogida que tuvo aquello. Uno de los estudiantes del seminario asistió a la conferencia y vino a verme a la semana siguiente.

Derek creció junto a un padre bien intencionado, pero que les demandaba perfección a sus hijos. Era inteligente y talentoso, pero no importaba cuánto se esforzara o cuán bueno fuera su desempeño, nunca se sentía satisfecho. Empujado por su padre, Derek consiguió una entrevista en la Marina de los Estados Unidos en Anápolis, Maryland, y calificó para matricularse en la escuela de aviación. Derek alcanzó lo que la mayoría de los jóvenes sueña: ser un miembro del Cuerpo Elite de Aviadores de la Marina. Este es el comienzo de su historia en sus propias palabras:

Luego de finalizar mi obligación con la Marina, decidí que quería agradar a Dios con mi vida. Pero yo veía a Dios como un espíritu celestial perfeccionista como lo era mi padre terrenal. Imaginé que la única forma de colmar sus expectativas era convertirme en misionero. Seré sincero con usted. Me matriculé en el programa de misiones por la misma razón por la que me fui a Anápolis: para agradar a un demandante Padre.

Entonces asistí a su conferencia el sábado pasado. Nunca había escuchado que mi padre celestial me amaba y me aceptaba incondicionalmente y nunca había entendido quién soy ya en Cristo. Siempre me esforcé para ganar su aceptación por lo que hacía, así como luché por ganar la aceptación de mi padre terrenal. No me había dado cuenta que Él estaba contento con quien soy en Cristo. Ahora sé que no tengo que ser un misionero para agradar a Dios, y voy a cambiar mi campo de especialidad por el de teología práctica.

Derek estudió teología práctica durante un año, y tuvo la oportunidad de servir durante un corto tiempo en un equipo misionero en España. Cuando regresó de su viaje, vino a verme a mi oficina y me

> **DEBEMOS RECONOCER LA NECESIDAD DE SER ANTES QUE HACER, MADUREZ ANTES QUE MINISTERIO, Y CARÁCTER ANTES QUE CARRERA.**

contó sobre su experiencia ministerial en España. Me dijo: «Cambiaré mi campo de especialidad otra vez». A lo que respondí sonriente: «Vuelves a las misiones, ¿verdad?»

«Sí», dijo Derek sonriendo, «pero no voy a las misiones porque necesito la aprobación de Dios. Ya sé que Dios me ama y me acepta como su hijo. Ahora quiero ser misionero porque lo amo y quiero servirle».

Esta es la diferencia fundamental entre ser empujado a tomar una decisión, que es una prescripción para un desastre, y ser llamado, que es la base del servicio cristiano.

## SER ANTES QUE HACER

Para poder vivir y cumplir nuestro llamado, debemos reconocer la necesidad de ser antes que hacer, madurez antes que ministerio, y carácter antes que carrera. Algunas civilizaciones han sido destruidas cuando se ha invertido el orden. Los mismos resultados previsibles suceden en nuestras iglesias cuando los líderes carecen de carácter o de la madurez necesaria para liderar. El hacer se adelantó al ser, como en el siguiente ejemplo de este pastor:

> He leído sus dos libros *Victoria sobre la oscuridad* y *Rompiendo las cadenas* y quiero agradecerle por darme dos instrumentos que realmente necesitaba. Soy el pastor fundador de esta iglesia que comenzamos hace 16 años y me encuentro en los primeros pasos de recuperación después de una división en la iglesia. Nunca había experimentado un dolor igual, Neil, pero estoy notando que es un formidable tiempo de aprendizaje y crecimiento en el Señor. Tu libro sobre la victoria ha sido excepcionalmente útil para mí pues he tratado demasiado de encontrar mi identidad en mi trabajo como pastor y no lo suficiente en quien soy como un santo.

La causa más determinante de nuestro éxito en el ministerio es nuestra identidad personal y seguridad en Cristo. Uno de los más dotados, talentosos e inteligentes estudiantes que he tenido estuvo en el ministerio durante dos años y fracasó. Asistió a una de nuestras conferencias y algún tiempo después me escribió una carta:

> Siempre pensé que yo era un pecador malo, sucio y desagradable salvado por la gracia de Dios, pero aun así le fallaba miserablemente cada día. Todo lo que esperaba era el tiempo de pedirle perdón cada noche por no ser el hombre que yo sabía que Él quería que yo fuera. «Me esforzaré mañana, Señor». Como el primogénito, siempre me esforcé por lograr la aprobación de mis padres y siempre me relacioné con Dios de la misma manera. Él no podía amarme al igual que a los «mejores» cristianos. Sí, seguro, soy salvo por gracia a través de la fe, pero en realidad sigo adelante hasta que Él se canse de luchar conmigo y me lleve con Él para poner punto final a este fracaso en progreso. ¡Qué rutina!
>
> Neil, cuando en referencia a nuestra nueva identificación primaria usted dijo: «Usted no es pecador, usted es santo», ¡realmente me sacudió! ¿No es raro y sorprendente que un joven pueda pasar por un buen seminario y nunca despertar a la realidad de que es una nueva criatura en Cristo? Estoy convencido que las viejas ideas obtenidas durante la infancia pueden verdaderamente obstaculizarle a uno el proceso de comprender quiénes somos realmente en Cristo.
>
> Eso ha sido muy liberador y útil para mí. Estoy madurando y superando las viejas formas de pensar sobre mi persona (pensamientos extremadamente pobres y denigrantes) y sobre Dios. Ya no lo imagino constantemente desilusionado de mí. Si todavía puede amarme y está activo en mí y hallar formas de usarme luego de haberle fallado tanto como lo he hecho, seguramente es porque el valor que Él me ha asignado no puede basarse simplemente en mi desempeño.

Él simple y llanamente me ama. Punto. Estoy experimentando un nuevo y alegre caminar con el Señor. Alabado sea Dios.

He sido tan profundamente tocado por estas ideas, que estamos haciendo en nuestra iglesia un estudio de Efesios, aprendiendo quiénes somos *en Cristo* y qué es lo que tenemos *en Cristo* como creyentes. Mi predicación es diferente y nuestra gente se ha beneficiado mucho y ha crecido en fortaleza y confianza. Neil, no puedo expresarle con palabras lo bondadoso que el Señor ha sido conmigo al darme una nueva oportunidad. Cada día de servicio es un regalo directo de Dios, y lo guardo en la caja fuerte celestial por toda la eternidad, para la gloria de mi Salvador.

Los cristianos comprometidos quieren saber cómo vivir la vida cristiana. Quieren saber cómo ser una buena madre o padre, cómo ayudar a otros, cómo orar, cómo ser testigos, cómo hacer lo que es correcto. Esto nos lleva a nuestras concordancias, que nos guían hacia algunos pasajes del Antiguo Testamento y a la segunda mitad de las epístolas de Pablo. Los escritos de Pablo siempre pueden dividirse en

> SOMETIÉNDONOS A DIOS Y RESISTIENDO AL DIABLO, ENCONTRAREMOS NUESTRA IDENTIDAD Y LIBERTAD EN CRISTO.

dos mitades: la primera es doctrinal, la segunda nos da instrucciones prácticas para vivir la vida cristiana. Si sólo estamos interesados en cómo debemos comportarnos, saltamos la primera mitad doctrinal y nos remitimos a la segunda mitad práctica. El problema es que la primera mitad nos establece en Cristo. Si comprendemos y creemos la primera mitad, acabaremos viviendo de manera natural (en realidad de manera sobrenatural) la segunda mitad.

Este principio da resultado en matrimonios cristianos y en familias cristianas. Hay muchos libros, programas radiales, casetes de audio y programas para ayudarnos en nuestras luchas diarias. Estoy seguro que estas herramientas constituyen una muy buena forma de orientación cristiana sobre la paternidad, la comunicación y otros aspectos prácticos de cumplir con nuestros papeles en la vida. Si estamos desorientados y no tenemos idea de quiénes somos en Cristo, esos consejos irán directamente a nuestra mente. Uno trata de seguir esas sugerencias durante un par de días pero luego queda en lo mismo: dejando de hacer lo que la Biblia dice. Todavía tendrá preguntas sin contestar y se sentirá mal al trata de vivir la vida cristiana según su propia fuerza confiando solamente en los recursos humanos.

Muchas personas ni siquiera reciben el consejo de Dios. Pablo dice: «Os di a beber leche, y no vianda; porque aún no erais capaces, ni sois capaces todavía, porque aún sois carnales; pues habiendo entre vosotros celos, contiendas y disensiones, ¿no sois carnales, y andáis como hombres?» (1 Corintios 3:2-3). Aparentemente, hay que ayudar a la gente a resolver sus celos y contiendas para que luego puedan recibir la Palabra de Dios. Hemos podido comprobar esto por medio de nuestra experiencia. Hemos tenido el privilegio de ayudar a cientos de personas a resolver sus conflictos espirituales y personales por medio de un arrepentimiento auténtico. Sometiéndonos a Dios y resistiendo al diablo, encuentran identidad y libertad en Cristo. Luego sienten al Espíritu Santo que dice a sus espíritus que son hijos de Dios (véase Romanos 8:16). De repente, entienden lo que la Biblia les dice y comienzan a crecer nuevamente.

## AFERRADOS A LA GRACIA DE DIOS

Dios me demostró la importancia de saber quiénes somos en medio de las difíciles experiencias a través de la vida de una jovencita muy especial llamada Myndee Hudson. Myndee era una estudiante de secundaria de una hermosa cabellera rubia muy larga. La conocí en un campamento en Montana en el que yo era uno de los oradores. No pudo asistir a algunas de mis charlas y luego se disculpó diciendo que estaba enferma.

Resulto ser que Myndee estaba gravemente enferma. Dos días después del campamento la llevaron a Denver, Colorado, para someterla a una intervención quirúrgica. Debían extirparle un tumor maligno que estaba invadiendo su tronco cerebral y la médula espinal. La cirugía duró doce horas. Pero durante la recuperación, contrajo neumonía. Los doctores dieron pocas esperanzas de que Myndee llegara a fin de año.

Pero Myndee era una creyente y una luchadora. Encontró un pasaje de las Escrituras que la guió durante sus batallas. Romanos 8:35,37-39 parecía escrito para ella:

> ¿Quién nos separará del amor de Cristo? ¿Tribulación, o angustia, o persecución, o hambre, o desnudez, o peligro, o espada? ... Antes, en todas estas cosas somos más que vencedores por medio de aquel que nos amó. Por lo cual estoy seguro de que ni la muerte, ni la vida, ni ángeles, ni principados, ni potestades, ni lo presente, ni lo por venir, ni lo alto, ni lo profundo, ni ninguna otra cosa creada nos podrá separar del amor de Dios, que es en Cristo Jesús Señor nuestro.

Myndee se sostuvo en esa verdad, porque eran más que simples palabras para ella. Se recuperó de la cirugía y de la neumonía y comenzó la quimioterapia. Luego se sometió a un tratamiento de radiación que la hacía sentirse muy mal y le hizo perder casi todo su hermoso cabello.

Cuando la visité en su casa, me recibió en la puerta con una peluca rubia. Había perdido más de diez kilos, su voz era áspera por el tratamiento de radiación y parecía muy débil.

—¿Cómo estás, Myndee? —le pregunté tratando de contener las lagrimas.

—¿Quiere ver mi peluca? —dijo Myndee rompiendo el incómodo silencio.

Antes que yo pudiera responder se la quitó y me la dio. Su hermosa cabellera rubia había desaparecido y solo tenía algunos pequeños mechones que parecían finas hebras.

Esta joven no estaba devastada por la pérdida de la belleza física. Era una hija de Dios que contaba con una belleza interior mucho mayor gracias a su relación con su Padre celestial.

—Dave —dijo—, me gustaría que todos los chicos tuvieran cáncer.

—Myndee —exclamé, sin poder evitar una mirada de sorpresa—, ¿por qué dices eso?

—Porque se darían cuenta de las cosas verdaderamente importantes de la vida —dijo esbozando una débil sonrisa, y agregó—. Las únicas cosas que les importan a mis amigas son cosas que no duran: novios, cómo luce tu cabello, a quién le gustas. Todo eso es tan insignificante comparado con conocer a Dios. Yo también era así.

Hizo una pausa, volvió a sonreír y continuó:

—Cuando sabes que vas a morir, lo único que te importan son las cosas que van a durar. Antes de mi enfermedad, Jesús era sólo una parte de mi vida. Ahora Él lo es todo para mí.

Ojalá todos los hijos de Dios sean tan maduros. Myndee Hudson falleció antes de terminar la escuela secundaria, pero aprendió más y acercó más vidas a Cristo que algunos cristianos que viven muchas décadas más. Ella había aprendido a «buscar primeramente el reino de Dios y su justicia» (Mateo 6:33).

## Reconozcamos nuestra santificación en Cristo

¿Estás enterado de que la salvación para un creyente es tiempo pasado, presente y futuro? Lo que quiero decir es que hemos sido salvos (tiempo pasado, véase Efesios 2:4-5, 8), somos salvos (tiempo presente, véase 1 Corintios 1:18; 2 Corintios 2:15) y algún día seremos salvos completamente de la ira venidera (tiempo futuro, véase Romanos 5:9-10; 13:11). No hemos experimentado la salvación total pero creemos que podemos tener la plena seguridad de ello. Pablo escribió: «Fueron marcados con el sello que es el Espíritu Santo prometido. Éste garantiza nuestra herencia hasta que llegue la redención final del pueblo adquirido por Dios, para alabanza de su gloria» (Efesios 1:13-14, NVI). Juan dijo: «Les escribo estas cosas a ustedes que creen en el nombre del Hijo de Dios, para que sepan que tienen vida eterna» (1 Juan 5:13).

En lo que se refiere al creyente, la santificación también es pasado, presente y futuro. Hemos sido santificados (tiempo pasado, véase 2 Pedro 1:3-4; 1 Corintios 6:19), somos santificados (tiempo presente, véase Romanos 6:22; 2 Corintios 7:1) y algún día seremos santificados (tiempo futuro, véase 1 Tesalonicenses 3:12-13; 5:23-24). La doctrina de la santificación comienza con nuestro nuevo nacimiento y finaliza con nuestra glorificación. Generalmente, cuando se quiere referir a la santificación en tiempo pasado se la menciona como la santificación posicional y se refiere a la posición que el creyente tiene en Cristo. A la santificación en tiempo presente se la menciona como santificación progresiva o experimental.

La verdad posicional de quiénes somos en Cristo es la verdad auténtica y es la base para nuestra santificación progresiva. Así como la realidad pasada de la salvación es la base del éxito presente de nuestra salvación, nuestra posición en Cristo es la base de nuestro crecimiento en Cristo. En otras palabras, los creyentes no están tratando de ser hijos de Dios: somos hijos de Dios que tratamos de ser como Cristo.

Un exagerado énfasis en la santificación posicional puede llevarnos a negar el pecado. Un hombre comprendió solamente la santificación posicional y pensó que eso era todo. Él decía: «No he pecado en veinte años». Le pregunté si su esposa estaría de acuerdo con eso.

Si decimos que no tenemos pecado, nos engañamos a nosotros mismos, y la verdad no está en nosotros (1 Juan 1:8).

Volvemos a enfatizar esto porque debemos comprender que pecar y ser un pecador son dos cosas totalmente distintas.

Por otro lado, la gente que enfatiza demasiado la santificación progresiva se pasa la vida tratando de ser algo que ya es. Tienden a decir: «Esa es sólo la verdad posicional», como si no fuera la verdad genuina.

## Estar bien con Dios

Hace algunos años un pastor me preguntó si podía orientar a una pareja de su iglesia. Nunca había visto una pareja tan distante en toda mi vida. Tan pronto entraron a mi oficina, comenzaron a atacarse mutuamente, listos para separarse. Oré en silencio al Señor: *Si existe alguna forma de salvar este matrimonio, tú eres el único que sabe cómo hacerlo.*

Después de escuchar por varios minutos las crueles palabras que se lanzaban, los interrumpí y le dije a la esposa:

—¿Existe alguna posibilidad de que usted se vaya unos días de su casa?

Lo pensó por unos momentos y luego afirmó con su cabeza:

—Nuestra familia tiene una cabaña en las montañas. Puedo ir allí por unos días.

Le pregunté si estaba dispuesta a hacerlo, y me respondió que sí. Así que le di algunas cintas de nuestras conferencias y le pedí que las escuchara, no para salvar el matrimonio sino para su propio caminar con Dios. Ella aceptó. Le pedí al esposo, que era el ministro de música de la iglesia de mi amigo, que escuchara las mismas cintas mientras su esposa no estaba en la casa. Cuando dejaron mi oficina, tuve pocas esperanzas de volverlos a ver juntos.

Dos años más tarde yo estaba sentado en un restaurante con mi esposa cuando el ministro de música entró al lugar con uno de sus tres hijos. *Ah, no* —pensé— *se separaron.* Tenía la esperanza de que no me reconociera. Para mi sorpresa y regocijo, la esposa entró al restaurante luego de estacionar el auto. Parecían muy felices de estar juntos. Finalmente miraron hacia donde yo estaba y me saludaron alegremente.

—¿Cómo están? —les pregunté.

—Muy bien —me respondió su esposa—. Hicimos lo que usted nos pidió. Me fui de casa por dos semanas, escuché las cintas y tuve un encuentro con Dios.

—Yo también escuché las cintas y tuve un encuentro con Dios, luego del cual pudimos solucionar los problemas de nuestro matrimonio —comentó también su esposo.

La pareja descubrió que la reconciliación entre dos seres humanos comienza con una reconciliación con Dios. No podían experimentar la unidad en Cristo cuando uno, o los dos, tenían conflictos sin resolver entre ellos y Dios. No existe una verdadera reconciliación sin arrepentimiento y perdón de ambas partes. Dios es el único que no tenía que arrepentirse para que hubiera reconciliación, pero igualmente tenía que proporcionar los medios para perdonarnos, y lo hizo por medio de Cristo. En consecuencia, cuando venimos a Él en fe, nos reconciliamos con Él, tal como explica Pablo en Romanos 5:8-11:

> Mas Dios muestra su amor para con nosotros, en que siendo aún pecadores, Cristo murió por nosotros. Pues mucho más, estando ya justificados en su sangre, por él seremos salvos de la ira. Porque si siendo enemigos, fuimos reconciliados con Dios por la muerte de su Hijo, mucho más, estando reconciliados, seremos salvos por su vida. Y no sólo esto, sino que también nos gloriamos en Dios por el Señor nuestro Jesucristo, por quien hemos recibido ahora la reconciliación.

Es bueno saber que nuestros pecados son perdonados, pero eso no es suficiente para experimentar la victoria. Hemos recibido una vida espiritual y una nueva identidad, hemos sido reconciliados con Dios. Lean los siguientes pasajes y repítanlos en voz alta hasta que estén completamente familiarizados con ellos. Ore ocasionalmente con esta lista, y pídale a Dios que plante estas verdades en su corazón.

**He sido reconciliado con Dios en Cristo, y por la gracia de Dios:**
He sido justificado: perdonado completamente y declarado justo (véase Romanos 5:1).
He muerto con Cristo y al poder del pecado en mi vida (véase Romanos 6:1-6).
He sido liberado de la condenación (véase Romanos 8:1).
He recibido un lugar en Cristo por medio de su obra (véase 1 Corintios 1:30).
He recibido el Espíritu de Dios en mi vida para saber las cosas que Él me ha concedido (véase 1 Corintios 2:12).
He recibido la mente de Cristo (véase 1 Corintios 2:16).
He sido comprado por precio; ahora le pertenezco a Dios (véase 1 Corintios 6:19-20).
He sido establecido, ungido y sellado por Dios en Cristo y he recibido el Espíritu Santo como garantía de mi herencia (véase 2 Corintios 1:21; Efesios 1:13-14).
He muerto al mundo, y ya no vivo para mí sino para Cristo (véase 2 Corintios 5:14-15).
He sido hecho justicia de Dios en Él (véase 2 Corintios 5:21).
He sido crucificado con Cristo y ya no vivo yo, sino que Cristo vive en mí (véase Gálatas 2:20).
He sido bendecido con toda bendición espiritual (véase Efesios 1:3).
He sido escogido en Cristo antes de la creación del mundo para ser santo y sin mancha delante de Él (véase Efesios 1:4).
He sido predestinado para vivir como hijo de Dios (véase Efesios 1:5).
He sido redimido y perdonado. He recibido su gracia. He recibido vida juntamente con Cristo (véase Efesios 2:5).
He sido resucitado y sentado con Cristo en los lugares celestiales (véase Efesios 2:6).

Por medio del Espíritu Santo tengo acceso a Dios
   (véase Efesios 2:18).
Puedo acercarme a Dios con seguridad, libertad y confianza
   (véase Efesios 3:12).
He sido rescatado de la potestad de las tinieblas y trasladado al Reino de Cristo (véase Colosenses 1:13).
He sido redimido y he recibido el perdón de todos mis pecados. Mi deuda fue cancelada (véase Colosenses 1:14).
Cristo está en mí (véase Colosenses 1:27).
Estoy arraigado en Cristo y estoy siendo edificado en Él
   (véase Colosenses 2:7).
Estoy completo en Él (véase Colosenses 2:10).
He sido circuncidado espiritualmente (véase Colosenses 2:11).
He sido sepultado y resucitado con Cristo
   (véase Colosenses 2:12-13).
He muerto y he resucitado en Cristo. Mi vida está escondida con Cristo en Dios (véase Colosenses 3:1-4).
He recibido espíritu de poder, amor y dominio propio
   (véase 2 Timoteo 1:7).
Soy salvo y he sido llamado con llamamiento santo
   (véase 2 Timoteo 1:9; Tito 3:5).
He sido santificado y Él no se avergüenza de llamarme su hermano (Hebreos 2: 11).
Puedo acercarme confiadamente al trono de Dios para alcanzar misericordia y gracia en tiempo de necesidad (véase Hebreos 4:16).
He recibido preciosas y grandísimas promesas para que por ellas llegue a ser partícipe de la naturaleza divina (véase 2 Pedro 1:4).

Becky era una estudiante del primer año de la universidad que había regresado a su casa durante unas vacaciones y asistía a un pequeño grupo de estudio bíblico que yo desarrollaba en mi casa. Estábamos estudiando la batalla de la mente y discutiendo las verdades bíblicas que encontramos en el libro de Neil, *Rompiendo las cadenas*. Una noche Becky me preguntó si podía hablar conmigo.

—¿Qué hay en tu corazón? —le pregunté.

Permaneció en silencio por algunos minutos; entonces los ojos se le llenaron de lágrimas y dijo:

—¡Creo que nadie me quiere!

Becky provenía de un hogar destruido; sus padres se habían divorciado cuando ella era una niña, pero era obvio que la herida seguía abierta. El dolor reflejado en su voz indicaba algunos de sus problemas: la lucha continua que tenía con su familia, un desorden alimenticio y una autoimagen peligrosamente pobre.

—Becky, ¿te acuerdas de las dos listas de quiénes somos en Cristo de que hablamos anoche en el grupo?

—Sí —respondió tratando de contener las lágrimas.

—¿Crees que esos versículos son verdad para tu vida sin tener que cambiar nada en ti?

—No lo sé —dijo con voz entrecortada.

La frustración era obvia.

—Permíteme leértelas otra vez. O mejor, ¿por qué no me las lees tú?

Asintió y comenzó a leer las verdades sobre su vida. Al principio su tono de voz no tenía entusiasmo alguno, pero gradualmente algo cambió. Su voz comenzó a sonar más confiada y comenzó a sonreír. Cuando terminó de leerlas ya reía.

Es increíble. ¿Algunos de los problemas de Becky se solucionaron mientras leía las verdades bíblicas sobre su identidad en Cristo? No. Lo único que cambió es que ahora entendía quién era en Cristo.

Dick Anderson, ex presidente de la junta directiva del Ministerio Libertad en Cristo, nos cuenta esta historia:

> Esta semana, vino a verme una señora de nuestra iglesia para pedirme consejería. Desde hacía algún tiempo batallaba con su esposo alcohólico. Estaba en un momento en que no sabía

qué hacer con su vida y se sentía profundamente derrotada. Vino a contarme que había dado por terminado su matrimonio.

Saqué la lista de los pasajes bíblicos relacionados con nuestra identidad en Cristo que puede encontrar en el libro *Victoria sobre la oscuridad* y le dije que los leyera en voz alta. Comenzó a leerlos y cuando iba aproximadamente por la mitad, empezó a llorar. Me dijo: «Nunca me había dado cuenta que esto era cierto en cuanto a mí. Siento que tal vez haya esperanza para mi vida».

## Profundicemos más

1. ¿Por qué la idea de *ser* antes que *hacer* es tan importante?

2. ¿Cómo hemos sido santificados? ¿Cómo somos santificados? ¿Cómo seremos santificados?

3. ¿Cómo nos reconcilia la gracia con Dios?

4. ¿De qué forma la lista de cosas que Cristo ha hecho por nosotros cambia la comprensión que tenemos de nosotros?

## Capítulo 7

# Un nuevo corazón y un nuevo espíritu

*El corazón tiene razones que la razón no entiende.*
Blaise Pascal

*Los ojos ven lo que el corazón ama. Si el corazón ama a Dios y es fiel en esta devoción, los ojos verán a Dios ya sea que otros lo vean o no.*
Warren Wiersbe

Uno de los cambios más impresionantes que he presenciado en una persona lo presencié en Jenny. Con 23 años, Jenny era una joven cristiana con una personalidad aparentemente agradable. Sus padres eran cariñosos y provenía de una buena iglesia. Pero por dentro estaba deshecha y profundamente deprimida. Había fallado en la universidad y además sufría desordenes alimenticios desde hacía varios años.

Jenny afirmaba que era cristiana, así que la desafié con la verdad bíblica de quién era en Cristo. Cuando le hablaba de las buenas nuevas de su identidad espiritual, me preguntó:

—¿Es usted siempre tan positivo?

—Esto no tiene nada que ver con ser positivo —le respondí—. Es cuestión de creer la verdad. Debido a tu relación con Dios, eso es lo que eres en Cristo.

Dimos por concluida nuestra reunión y ella se marchó con un haz de esperanza.

Unas semanas después, Jenny asistió por invitación mía a un retiro espiritual de un mes. Al poco tiempo de llegar, la llamé para conversar en privado.

—No te invité para cambiar tu comportamiento —le dije—. Tu comportamiento no es tu problema.

—Siempre me han dicho que mi comportamiento es mi problema —me respondió un tanto sorprendida de mis palabras—. Todas las personas que conozco están tratando de cambiar mi comportamiento.

—No me preocupa tu comportamiento —le respondí—. En tus creencias es en lo que estoy interesado, porque lo que uno hace es producto de lo que uno cree. Quiero cambiar tus creencias en cuanto a quién es Dios y quién eres como hija de Dios. No eres un fracaso. No eres una enferma que causa problemas a tus padres ni a tu iglesia. Eres una hija de Dios, ni mejor ni peor que cualquier persona que está en este retiro. Quiero que comiences a creerlo porque es verdad.

## LAS CREENCIAS DE LA MAYORÍA

Ve a cualquier iglesia y pregúntale a la congregación: «¿Quiénes de ustedes creen que son pecadores?» Casi todos levantarán la mano. Entonces pregúntales: «¿Cuántos de ustedes creen que son santos?»

Muy pocos, si es que alguno, responderán afirmativamente. ¿Por qué muchos creyentes tienen ese concepto de sí mismos? Porque a muchos se nos ha enseñado que eso es los que somos. Eso fue lo que me enseñaron.

Algunos cristianos piensan que identificarse como santos denota orgullo. Otros piensan que la etiqueta de «pecador» es la que mejor los identifica. Ellos pecan, por lo tanto, son pecadores. Incluso si alguien les dice que son una combinación de santo y pecador, se inclinarán a creer que es esto último porque eso encaja con su experiencia. Mucha gente obtiene su identidad y sentido de valor de su experiencia y no de lo que dice la Palabra de Dios.

Mi amigo y colega, el Dr. Robert Saucy, jefe del departamento de teología de la Escuela de Teología Talbot, envió un ensayo a la Evangelical Society sobre nuestra identidad en Cristo (disponible en inglés en nuestra página en la Internet www.ficm.org). Cuando leyó el documento en el que identificaba a los cristianos como santos, ninguno de los presentes discrepó porque era claro lo que la Biblia enseña al respecto. Si solo somos pecadores, ¿qué hacen los pecadores y qué es lo que esto implica en cuanto a nuestra identidad básica?

Ser un santo que vive y es libre en Cristo no equivale a madurez espiritual y perfección sin pecado, pero nos brinda la base para una esperanza y un crecimiento futuro. Pese a la provisión divina para nosotros en Cristo, estamos lejos de ser perfectos. Somos santos que pecan. Nuestra posición en Cristo ya está determinada, pero el fracaso personal y la desobediencia a veces arruinan nuestro desempeño diario, y nos dejan desilusionados con nosotros mismos y quebrantan la armonía de nuestra relación con Dios. Podemos expresar como Pablo: «Porque no hago el bien que quiero, sino el mal que no quiero, eso hago. ... ¡Miserable de mí! ¿Quién me librará de este cuerpo de muerte?» (Romanos 7:19,24).

En nuestros intentos por comprender el fracaso que a menudo enturbia nuestra santidad, luchamos con términos bíblicos como «carne», «naturaleza» y «viejo hombre» (el yo). ¿Qué significan realmente estos términos? ¿Son términos distintos o intercambiables? Definir estos conceptos es todavía más difícil cuando vemos que la *Nueva Versión Internacional* de la Biblia traduce «carne» (*sarx*) como «naturaleza pecaminosa» (lea Romanos 7:18; 8:3-5; 1 Corintios 5:5 y otros en la NVI).

Claro que estos pueden ser temas teológicos difíciles de comprender. Los estudiosos de la Biblia han luchado con estas cuestiones durante siglos, y lejos está de nosotros pretender tener las respuestas definitivas. No obstante, queremos examinar algunos de estos términos que muy frecuentemente confunden a los cristianos que luchan con el lado pecador de la santidad. Un buen conocimiento bíblico de estos términos nos ayuda un poco más a comprender quiénes somos y prepara el terreno para una mayor madurez espiritual.[1]

## LA NATURALEZA DEL PROBLEMA

La Biblia nos enseña que estábamos muertos en nuestras transgresiones y pecados (Efesios 2:1) y que «éramos por *naturaleza* hijos de ira» (Efesios 2:3, énfasis añadido). En otras palabras, nacimos vivos físicamente pero muertos espiritualmente. No teníamos ni la presencia de Dios en nuestra vida ni conocimiento de su manera de ser. En consecuencia, aprendimos a vivir independientes de Él. Esta independencia de Dios que aprendimos es una de las principales características de la carne. «El deseo de la carne es contra el Espíritu, y el del Espíritu es contra la carne; y éstos se oponen entre sí, para que no hagáis lo que quisiereis» (Gálatas 5:17). Están en oposición porque el Espíritu Santo, al igual que Jesús, no se mueve independientemente del Padre celestial, pero la carne sí. La carne puede definirse como la existencia lejos de Dios, una vida dominada por el pecado o en oposición a Dios. La carne es autosuficiente es vez de depender de Dios; es centrada en sí misma en vez de centrada en Cristo.

Este es el estado de la humanidad perdida, pecadora por naturaleza y muerta espiritualmente, es decir, separada de Dios. Además, el corazón que es el centro de nuestro ser, «engañoso es ... más que todas las cosas, y perverso» (Jeremías 17:9). Pablo dice: «Por cuanto todos pecaron, y están destituidos de la gloria de Dios» (Romanos 3:23). La humanidad perdida vive una vida «en la carne» y «los que viven según la carne no pueden agradar a Dios» (Romanos 8:8). La humanidad se depravó. Cada uno de los aspectos de nuestra vida se corrompió, y no hay nada que podamos hacer para salvarnos.

> TENEMOS QUE ELEGIR. PODEMOS CAMINAR SEGÚN LA CARNE O PODEMOS CAMINAR SEGÚN EL ESPÍRITU.

La pregunta es: ¿Qué cambia cuando se produce la salvación? En primer lugar, Dios nos saca del reino de la oscuridad y nos lleva al Reino de su Hijo amado (véase Colosenses 1:13). En segundo lugar, se quiebra el dominio del pecado a través de la carne. Tal como explicamos en el capítulo cinco, al ser creyentes ya no estamos en la carne sino en Cristo. Pablo lo explica en Romanos 8:9: «Mas vosotros no vivís según la carne, sino según el Espíritu, si es que el Espíritu de Dios mora en vosotros. Y si alguno no tiene el Espíritu de Cristo, no es de él». Pablo traza además un paralelo entre estar en la carne y estar en Adán, «porque así como en Adán todos mueren, también en Cristo todos serán vivificados» (1 Corintios 15:22). Los cristianos ya no están en la carne, pero dado que las características de la carne permanecen en los creyentes, tenemos que tomar una decisión. Podemos caminar (o vivir) según la carne (véase Gálatas 5:19-21) o podemos caminar (o vivir) según el Espíritu (véase Gálatas 5:22-23). Este cambio posicional puede mostrarse de la siguiente manera:

| En Adán | | En Cristo |
|---|---|---|
| Viejo hombre (yo) | por linaje | Nuevo hombre (yo) |
| Naturaleza pecadora véase Efesios 2:1-3 | por naturaleza | Partícipe de la naturaleza divina véase 2 Pedro 1:4 |
| En la carne véase Romanos 8:8 | por nacimiento | En el Espíritu véase Romanos 8:9 |
| Vivir según la carne | por elección | Vivir según el Espíritu o la carne véase Gálatas 5:16-18 |

Podemos encontrar una buena ilustración de lo que nos sucedió con el personaje principal del libro *El viaje del Aurora* de C. S. Lewis. Eustaquio, tal era su nombre, era un muchacho tan horroroso y desagradable que se convirtió en un dragón feo y maligno. Uno podría asociar la dureza de su piel y la dureza del corazón del hombre terrenal, pero tenemos la idea de que el dragón representa la maldad y el pecado del hombre natural. Luego al grande y poderoso león, Aslan, que representa a Cristo. Aslan no lo convierte de nuevo en un muchacho; Aslan le transforma el corazón, y el dragón se convierte en un buen joven.

Al principio Eustaquio trata de transformarse por sus propios medios. Se rascaba y arrancaba las capas de su piel, una a una. Pero por cada capa que sacaba, otra piel arrugada y escamosa aparecía. Las interminables capas de piel del dragón simbolizan la total depravación de la humanidad. Estamos en una posición en que no podemos hacer nada para agradar a Dios, y no tenemos santidad alguna para eliminar o combatir el pecado. Por último, Aslan terminó el trabajo. Con un doloroso manotazo de sus poderosas garras, el león arrancó hasta el corazón las capas de piel de dragón, y el joven Eustaquio apareció.

En un momento era un dragón, y al siguiente era un muchacho. Pasó de ser un dragón a ser una persona; no era mitad dragón y mitad muchacho. Eustaquio personifica lo que Biblia proclama en cuanto a nosotros. Antes estábamos en el reino de Satanás y ahora estamos en el Reino de Dios. Antes estábamos en la carne y ahora estamos en el Espíritu. «Porque en otro tiempo erais tinieblas, mas ahora sois luz en el Señor; andad como hijos de luz» (Efesios 5:8).

## La necesidad de ser injertado

En Arizona, los parques y bulevares de las ciudades están decorados con naranjos ornamentales mucho más resistentes que los árboles que producen las naranjas que nosotros comemos. Como estos árboles pueden soportar bajas temperaturas son los que se utilizan para lo que en botánica se denomina masto o patrón.

Al naranjo ornamental se le deja crecer hasta una determinada altura, luego se tala y se injerta en él una nueva vida (como por ejemplo brotes de un naranjo navel). Todo aquello que está por debajo de la parte donde se aplicó el injerto tiene las características físicas del naranjo ornamental. Cuando el árbol crece y madura sólo existe un árbol. El crecimiento *físico* del árbol todavía depende de las raíces que se han profundizado en la tierra a fin de conseguir agua y nutrientes. Lo que crece por sobre el injerto toma las características del naranjo navel.

Nadie mira a uno de estos naranjos y dice: «Esto no es nada más que un puñado de patrones». La gente los llama naranjos navel porque identifica a los árboles por sus frutos. Lo mismo se aplica a nosotros. Jesús dijo: «Así que, por sus frutos los conoceréis» (Mateo 7:20) a lo que Pablo agrega: «De manera que nosotros de aquí en adelante a nadie conocemos según la carne» (2 Corintios 5:16). En otras palabras, lo que trato de decir es que a los cristianos no se les reconoce por quiénes son en Adán sino por quiénes son en Cristo. Por esto la Biblia no identifica a los creyentes como pecadores, sino como santos.

El hombre natural es como un naranjo ornamental: puede verse bien por fuera pero solo da frutas amargas. (La fruta simplemente caerá en la tierra y producirá más árboles que lucirán bien por una temporada.)

¿Cuál es la naturaleza del árbol? ¿Es posible que tenga dos naturalezas? Esto depende de si nos referimos al árbol en su totalidad, que sí tiene dos naturalezas (el patrón y el injerto de navel), o si nos enfocamos en la parte del árbol que crece por encima del injerto (la nueva creación), que solamente tiene una naturaleza (navel). Si los cristianos tienen o no dos naturalezas es más bien un problema semántico. Cuando Pablo describe a la nueva persona en Cristo (nueva naturaleza) marca las diferencias entre quiénes somos en Cristo y quiénes somos en la carne (vieja naturaleza). Pablo escribió: «Pero los que son de Cristo han crucificado la carne con sus pasiones y deseos» (Gálatas 5:24). La carne ya no describe quiénes somos, y es nuestra responsabilidad mantenerla fuera de funcionamiento.

En horticultura, sabemos también que en las raíces pueden aparecer parásitos. Hay que cortarlos porque impedirán el crecimiento del árbol. Esto nos brinda una lección muy importante que podemos aplicar a nuestra vida. El tiempo y la energía que gastamos viviendo en la carne, como los parásitos, es tiempo que no utilizamos viviendo en el Espíritu (que es lo que produce el fruto). Jesús dijo: «Todo pámpano que en mí no lleva fruto, lo quitará; y todo aquel que lleva fruto, lo limpiará, para que lleve más fruto» (Juan 15:2).

El crecimiento espiritual en la vida de un cristiano requiere de una relación personal con Dios, que es nuestra fuente. Esta relación traerá consigo una nueva semilla de vida. Si no hay alguna semilla vital dentro de un organismo, no habrá crecimiento. Asimismo, si no existe una raíz vital dentro del creyente —como algún núcleo de vida espiritual—, es imposible el crecimiento. No hay nada que pueda crecer. Es por eso que la teología de Pablo se basa en nuestro lugar en Cristo: «De la manera que habéis recibido al Señor Jesucristo, andad en *él*; arraigados y sobreedificados en *él*, y confirmados en la fe» (Colosenses 2:6-7, énfasis añadido). Para poder crecer como creyentes (santificación progresiva) debemos primero estar firmemente arraigados en Cristo (santificación posicional).

## Un nuevo corazón

Según la Palabra de Dios, el centro de la persona es el corazón, pues «de él mana la vida» (Proverbios 4:23). En nuestro estado natural, «nada hay tan engañoso como el corazón. No tiene remedio» (Jeremías 17:9, NVI). Es engañoso porque ha sido condicionado desde nuestro nacimiento por la mentira de un mundo caído y no por la verdad de la Biblia.

Una de las más grandes profecías en lo que se refiere a nuestra salvación nos la da Ezequiel 36:26: «Os daré corazón nuevo, y pondré espíritu nuevo dentro de vosotros; y quitaré de vuestra carne el corazón de piedra, y os daré un corazón de carne». Según el nuevo pacto bajo el cual cada cristiano vive, Dios promete: «Pondré mis leyes en sus corazones, y en sus mentes las escribiré» (Hebreos 10:16). En otras palabras, «todos los naranjos que elijan confiar en Dios y creer en su Palabra serán como el naranjo navel». En el momento en que fuimos injertados en la vid, fuimos santificados y separados como hijos de Dios. Ya estamos limpios (lea Juan 15:3) y seguiremos siendo santificados mientras el Señor nos poda para que crezcamos y tengamos fruto.

La misma idea se desprende del testimonio de Pablo: «Con Cristo estoy juntamente crucificado, y ya no vivo yo, mas vive Cristo en mí; y lo que ahora vivo en la carne, lo vivo en la fe del Hijo de Dios, el cual me amó y se entregó a sí mismo por mí» (Gálatas 2:20). Pablo dice que él murió pero vive, obviamente como una persona nueva y diferente (véase Colosenses 3:1-3).

## Una nueva persona

Paralelo al concepto de ser una nueva criatura en Cristo se encuentra la enseñanza de que el creyente se ha revestido con «la nueva naturaleza» (Colosenses 3:10, NVI), o más precisamente el nuevo hombre. El nuevo hombre se refiere en ocasiones tanto al nuevo individuo en Cristo (el yo) como a la nueva humanidad o a la humanidad de la nueva creación, unidos con Cristo que es la cabeza. F. F. Bruce dice: «El nuevo hombre que es creado es la nueva personalidad que cada creyente obtiene cuando nace de nuevo como miembro de la nueva creación cuya fuente vital es Cristo».[2]

¿Qué significa ser un hombre nuevo? ¿Significa que cada aspecto de la vida del creyente es nueva en realidad? Seguimos siendo los mismos físicamente y todavía conservamos muchos de los viejos pensamientos, sentimientos y experiencias. Comparemos esto con la imagen del naranjo ornamental que tiene una pequeña ramita nueva en él. Como muchos aspectos parecen permanecer iguales cuando nos volvemos creyentes, algunos piensan que nuestra calidad de nuevo se refiere solamente a nuestra posición en Cristo. No existirá un cambio real en nosotros hasta que seamos transformados en gloria. Pero eso sería como enseñar justificación sin regeneración (o sea, que somos perdonados pero no tenemos vida nueva). Si todavía somos naranjos ornamentales, ¿cómo podemos esperar dar naranjas navel? Debemos creer que nuestra nueva identidad es en la vida de Cristo y dedicarnos a crecer acorde a ello.

Cuando yo estaba en la marina, al capitán del barco lo llamábamos el Viejo. Mi primer viejo era una persona muy mala y a nadie le caía bien. Se embriagaba con los otros jefes, humillaba a los oficiales de menor rango y a los demás nos hacía la vida difícil. Era un viejo malísimo, pero si yo quería sobrevivir a bordo de aquel barco, tenía que hacerlo bajo su autoridad, y relacionarme con él como *mi* Viejo. Cierto día lo transfirieron a otra embarcación. Ya no teníamos relaciones y no estábamos bajo su autoridad.

Llegó un nuevo capitán que era muy diferente al anterior. Pero, ¿cómo cree que trataba a mi nuevo viejo? Al principio le respondía como al anterior, pero una vez que llegué a conocerlo comprendí que era un buen hombre. Durante dos años me había acostumbrado a reaccionar de determinada forma cuando veía la insignia de capitán. Ya no necesitaba reaccionar así, pero tardé meses en poder aceptarlo y reacondicionarme.

Cuando estuvimos muertos en nuestras transgresiones y pecados, estábamos bajo la autoridad de un capitán cruel y egoísta. El almirante de ese barco era Satanás, príncipe de la oscuridad, dios y gobernante de este mundo. Por la gracia de Dios, hemos sido liberados de la esclavitud para ser siervos de Cristo. Servimos al Señor Jesucristo, y nuestro nuevo yo está saturado de la naturaleza divina de Jesucristo, el único almirante de cinco estrellas del universo. Como hijos de Dios, ya no estamos bajo la autoridad de Satanás, ni dominados por el pecado y la muerte. El viejo hombre está muerto.

## Nuevas cosas

A pesar de que cada cristiano elige en ocasiones vivir según la carne, como lo hizo Pablo, somos nuevas personas. Somos nuevos en la relación con Dios y nuevos en nosotros mismos.

El cambio que se produce cuando venimos a los pies de Cristo se desarrolla en dos dimensiones. Primero, tenemos un nuevo maestro. Como mortales, no tenemos más remedio que vivir bajo un poder espiritual, ya sea de nuestro Padre celestial o del dios de este mundo. Cuando aceptan la salvación, los creyentes en Cristo experimentan un cambio en cuanto al poder que domina sus vidas. Segundo, se produce un cambio real en la naturaleza del creyente a causa del cual las propensiones de su vida o los deseos más profundos de su corazón se orientan hacia Dios en vez de a sí mismo o al pecado.

Esto se vuelve evidente cuando un creyente elige pecar. Sentimos convicción. Lo que estamos haciendo ya no encaja con nuestra verdadera identidad en Cristo. He brindado mis servicio de consejero a cientos de creyentes que se cuestionan su salvación porque tienen luchas contra el pecado. El simple hecho de que el pecado les moleste es su mejor evidencia de salvación. El pecado con el que luchan no les molestaría si no fueran verdaderos cristianos. Por otro lado, el pecado es parte de la naturaleza del hombre natural. Hay cristianos que profesan ser cristianos pero sienten poco o ningún remordimiento por el pecado. Yo cuestionaría la salvación de estos. Si somos hijos de Dios, no vamos a vivir cómodos con el pecado.

¿Por qué necesitamos la naturaleza de Cristo en nosotros? Para poder *ser* como Cristo y no simplemente *actuar* como Él. Dios no nos ha dado el poder de imitarlo. Nos ha hecho partícipes de su naturaleza (véase 2 Pedro 1:4) para que podamos de veras *ser* como Él. Nadie se convierte en cristiano actuando como cristiano. No es cuestión de actuación ante Dios. En el Nuevo Pacto, no nos dice: «Aquí están mis normas, traten de alcanzarlas». Él sabe que no podemos solucionar el problema de nuestra antigua pecaminosidad simplemente mejorando nuestra conducta. Él tiene que cambiar nuestra naturaleza y darnos un nuevo yo (la vida de Cristo en nosotros) que es la gracia que necesitamos para vivir una vida justa.

Jesús fue claro en el Sermón del Monte: «Os digo que si vuestra justicia no fuere mayor que la de los escribas y fariseos, no entraréis en el reino de los cielos» (Mateo 5:20). Los escribas y fariseos eran perfeccionistas religiosos de aquellos días. Habían codificado la conducta con rigor científico, pero sus corazones eran como el interior de una tumba: olían a muerte. Jesús vino a crear nuevas personas desde el interior hacia afuera, y a implantar en ellas una nueva naturaleza y a crear en ellas un nuevo yo. Solo después de ser partícipes de su naturaleza divina podemos vivir una vida justa.

## UN NUEVO AMO

Como estamos identificados con Cristo en su muerte y resurrección, nos hemos convertido en personas nuevas y parte de una nueva humanidad. En este cambio, nuestra vida ha pasado a estar bajo un nuevo poder. Esto lo expresa muy bien Romanos 6:5-7:

Si fuimos plantados juntamente con él en ... su muerte, así también lo seremos en la de su resurrección; sabiendo esto, que nuestro viejo hombre fue crucificado juntamente con él, para que el cuerpo del pecado sea destruido, a fin de que no sirvamos más al pecado. Porque el que ha muerto, ha sido justificado del pecado.

El viejo hombre ha sido crucificado en Cristo y se ha revestido del nuevo hombre (véase Colosenses 3:10).

Pablo agrega para que lo entendamos: «Así también vosotros consideraos muertos al pecado, pero vivos para Dios en Cristo Jesús, Señor nuestro» (Romanos 6:11). No nos creemos así para hacer que sea así. Debemos creer continuamente que estamos vivos en Cristo y muertos al pecado *porque es así*. Creer en algo no lo hace realidad. Dios dice que es así y por eso lo creemos. La muerte es el final de unas relaciones, no de una existencia. El pecado en nuestra vida todavía sigue presente, atractivo y poderoso, pero cuando somos tentados podemos decir: «No voy a hacer eso, porque por la gracia de Dios puedo vivir una vida justa y recta».

Romanos 8:1-2 ilustra este punto: «Ahora, pues, ninguna condenación hay para los que están en Cristo Jesús, los que no andan conforme a la carne, sino conforme al Espíritu. Porque la ley del Espíritu de vida en Cristo Jesús me ha librado de la ley del pecado y de la muerte». ¿Sigue todavía en funcionamiento la ley del pecado y la muerte? Sí, y es por eso que Pablo la llama ley. No podemos ignorar una ley, pero podemos vencer esta con una de mayor jerarquía: la ley de la vida en Cristo Jesús.

Como mortales no podemos volar con nuestras propias fuerzas, pero podemos hacerlo en avión. ¿Por qué? Porque el avión tiene un poder mayor que la ley de la gravedad. Si alguien piensa que la ley de la gravedad ya no nos afecta, pueden poner a prueba esta teoría apagando el interruptor cuando estén a diez mil metros de altura. Se estrellará y se incendiará.

Si caminamos por fe de acuerdo a lo que Dios dice que es verdad en el poder del Espíritu Santo, no cederemos a «los deseos de la carne» (Gálatas 5:16). Si creemos una mentira y vivimos según la carne, también nos estrellaremos y nos incendiaremos.

## SALVOS Y SANTIFICADOS

Pablo escribe que «nuestro viejo hombre fue crucificado» (tiempo pasado). Tratamos una y otra vez de matar al viejo hombre, pero no podemos. ¿Por qué? Porque ya está muerto. Un pastor muy querido que había escuchado sobre nuestro ministerio pidió tener una entrevista con nosotros. Nos contó lo siguiente: «He luchado durante mis veintidós años en el ministerio y por fin creo que sé la respuesta. Mientras oraba leí el siguiente pasaje: "Porque habéis muerto, y vuestra vida está escondida con Cristo en Dios" (Colosenses 3:3). ¿De esto es lo que se trata, verdad?» Cuando asentí, me preguntó: «¿Y cómo lo hago?» Le sugerí que releyera el versículo lentamente. Este hombre luchó desesperadamente durante veintidós años por ser alguien que ya era, al igual que muchos creyentes. No podemos hacer por nosotros algo que Cristo ya hizo.

Muchos cristianos que luchan con una autoimagen negativa son víctimas de la herejía de los gálatas. En Gálatas 3:2-3 (NVI), Pablo escribe: «Sólo quiero que me respondan a esto: ¿Recibieron el Espíritu por las obras que demanda la ley, o por la fe con que aceptaron el mensaje? ¿Tan torpes son? Después de haber comenzado con el Espíritu, ¿pretenden ahora perfeccionarse con esfuerzos humanos?» Somos salvos por fe y caminamos o vivimos por fe. Hemos sido justificados por fe y somos santificados por fe solamente. No salvos ni santificados por cómo actuamos, sino por lo que creemos.

Como hemos mostrado a través de este libro, la obra divina de expiación convierte a los pecadores en santos. El cambio radical, llamado regeneración, se efectúa en el momento de nuestra salvación. El cambio en el caminar diario del creyente continúa a lo largo de su vida.

Esto es tan importante que lo repetimos: El trabajo progresivo de santificación es completamente efectivo cuando la transformación radical interna por medio de la regeneración se realiza y se hace propia por fe.

## El indicativo y el imperativo

La mayor tensión que se observa en el Nuevo Testamento se desarrolla entre el indicativo (lo que Dios ha hecho y lo que ya es verdad en nosotros) y el imperativo (lo que falta por hacer al tiempo que le respondemos a Dios por fe y obediencia en el poder del Espíritu Santo). Debemos conocer y creer esta verdad posicional si queremos progresar con éxito en nuestra santificación. Si no abrazamos esta verdad fundamental, seguiremos tratando de hacer algo que Dios ya ha hecho por nosotros. El equilibrio entre el indicativo y el imperativo es casi perfecto en las Escrituras, pero no hemos observado eso en nuestras iglesias. La mayoría de las enseñanzas que hemos escuchado se enfo-

> **Necesitamos adorar a Dios por todo lo que ha hecho por nosotros y descansar en el trabajo que el Señor ya ha acabado.**

can en los imperativos. Una persona puede asistir a algunas iglesias durante algunos años y tal vez nunca oír ni entender que somos hijos de Dios vivos y libres en Cristo. Necesitamos adorar a Dios por todo lo que ha hecho por nosotros y descansar en el trabajo que el Señor ya ha acabado. Necesitamos oír repetidamente la maravillosa identidad y posición que hemos recibido en Cristo, y así estaremos mejor preparados para recibir las demás instrucciones y asumir nuestra responsabilidad de vivir vidas cristianas.

## Un diamante

Como nuevos cristianos, cada uno de nosotros es como un trozo de carbón, poco atractivos, frágiles y sucios. Pero con tiempo y presión, el carbón se transforma en algo más consistente y bello. Si bien el trozo de carbón original todavía no se ha convertido totalmente en un diamante, tiene la sustancia adecuada para serlo. Ahora mismo usted podrá ser un diamante en bruto, pero con el tiempo y la presión adecuados puede convertirse en un diamante que revele la gloria de Dios. Anthony Hoekema comenta: «¡Ustedes son criaturas nuevas! No en su totalidad, por supuesto, pero realmente nuevas. Y nosotros los que somos creyentes debemos vernos así: ya no como depravados e indefensos esclavos del pecado, sino como quienes han sido hechos nuevos en Jesucristo».[3]

## Profundicemos más

1. ¿Cuál es la diferencia entre un pecador y un santo? ¿Eres un santo o un pecador?

2. ¿Qué es lo que heredamos de Adán y qué heredamos de Cristo?

3. ¿Qué significa ser injertados?

4. ¿Cómo hacemos para despojarnos del viejo hombre y revestirnos del nuevo?

# CAPÍTULO 8

# LECCIONES DE GRACIA

*La gracia me justifica y me hace libre de la esclavitud del pecado.*
BERNARDO DE CLARAVAL

*Ni en el cielo ni en la tierra es posible acomodarse uno por gracia y no hacer nada ni interesarse por los demás. Si soy salvo por gracia, por gracia soy obrero. Si fui justificado por gracia, entonces por gracia soy obrero de la justicia. Si por gracia ocupo un lugar dentro de la verdad, por gracia soy siervo de la verdad. Si por gracia tengo paz, por gracia soy siervo de la paz para todos los hombres.*
CHRISTOPH BLUMHARDT

El cartel en la puerta decía: Se venden cachorros. Así que el niño entró a mirar. El hombre de la tienda de animales le mostró cinco cachorritos que estaban listos para dejar a su madre. Eran quizá los cachorros más bellos que el niño había visto jamás.

—¿Cuánto cuestan? —preguntó.

—Algunos cincuenta dólares, otros más de cincuenta —respondió el hombre.

El niño metió la mano en el bolsillo y sacó el cambio que tenía. Después de contarlo, dijo:

—Tengo un dólar con cuarenta y siete centavos.

—Lo siento —respondió el dueño de la tienda—, pero no puedo venderte uno de estos cachorros por ese dinero. Tendrás que ahorrar algo de dinero y volver cuando tenga más perritos para vender.

En ese momento, la esposa del dueño de la tienda llegó con otro cachorro, uno que había estado escondido en el fondo del negocio. Era más pequeño que los demás y tenía una patita defectuosa. No se podía parar muy bien, y cuando trataba de caminar, cojeaba bastante.

—¿Qué le pasa a ese perrito? —preguntó el niño.

El dueño de la tienda le explicó que el veterinario lo había examinado y descubrió que no tenía buena articulación en la cadera por lo que nunca caminaría normalmente.

—¡Caramba! Ojalá tuviera el dinero para comprar ese cachorro —exclamó el pequeño—. Ese es el perro que yo elegiría.

—Bueno, ese cachorro no está a la venta. Pero si lo quieres te lo puedes llevar. Te lo regalo.

El niño se entristeció por el ofrecimiento, lo miró fijamente y le dijo:

—No, no quiero que me lo regale. Este cachorrito vale exactamente lo mismo que los demás perros que usted vende. Le daré mi dólar y cuarenta y siete centavos y le pagaré cincuenta centavos por mes hasta que le pagué la totalidad de los cincuenta dólares.

El dueño estaba totalmente perplejo.

—¿Realmente quieres gastar tu dinero en este perrito? —le dijo–. Nunca podrá correr y jugar como los demás.

Al oír esto, el pequeño se agachó y se levanto el pantalón hasta que una tullida pierna de metal, sostenida por un refuerzo metálico quedó al descubierto.

—Señor —le dijo el pequeño mirándole a los ojos—, yo tampoco puedo correr ni jugar como los demás niños, así que me imagino que este cachorro necesitará alguien como yo que lo entienda.[1]

## Comprendamos el favor de Dios

La gracia es un favor inmerecido. Uno no puede ganarla ni merecerla. La salvación es un regalo y no le debemos nada a Dios por él. Pero algo insólito sucede cuando recibimos su gracia: descubrimos que es mejor dar que recibir, y los que lo saben dan a otros. Por esto es tan importante conocer el evangelio y saber todo lo que hemos recibido en Cristo. Los que saben quiénes son en Cristo dan con la misma liberalidad que han recibido. «Nosotros le amamos a él, porque él nos amó primero» (1 Juan 4:19). Hemos de ser tan misericordiosos como Él ha sido misericordioso con nosotros (Lucas 6:36), y debemos perdonar como Jesús nos ha perdonado a nosotros (Efesios 4:32).

> Toda buena dádiva y todo don perfecto desciende de lo alto, del Padre de las luces, en el cual no hay mudanza, ni sombra de variación (Santiago 1:17).

Una de las razones por las cuales la gente lucha con su vida espiritual es la incertidumbre sobre lo que define nuestras relaciones. Permítame ilustrarlo. Cuando yo nací físicamente tuve un padre. Se llamaba Marvin Anderson. Él y yo somos parientes sanguíneos.

¿Hay algo que yo pueda hacer para cambiar esa relación sanguínea que tengo con él? ¿Qué si me escapo de casa y me cambio el nombre? Seguiría siendo el hijo de Marvin Anderson. ¿Y si me echara de la casa? ¿Y si me desconociera? ¿Seguiría siendo su hijo? ¡Por supuesto que sí! Estamos unidos y nadie puede cambiar eso. Es un hecho biológico.

Por otro lado, ¿hay algo que yo pueda hacer que afecte la armonía de nuestra relación padre-hijo? Por supuesto que sí. ¡Y cuando yo tenía cinco años descubrí casi todas las maneras de lograrlo! Mi relación con mi padre nunca estuvo en peligro, pero mi comportamiento como adolescente interrumpió la armonía de nuestra relación muchísimas veces.

Mi padre era todo un capataz. Cuando decía «corre», realmente quería decir «corre». Si caminaba, me era mejor mantener el paso. Así que aprendí obediencia a través de las cosas que padecí, ¡de la misma forma que otra persona! (véase Hebreos 5:8). Sí, Cristo también aprendió la obediencia.

El tema de la armonía surgía a cada rato como resultado de mi buena conducta así también como de mi mala conducta. Descubrí que si obedecía a mi padre, vivía en armonía con él, pero que si le desobedecía no podía vivir y actuar armoniosamente. Pero ya fuera que estuviéramos en armonía o no, él seguía siendo mi padre, porque nos unían lazos de sangre.

Luego sucedió que nací de nuevo. Pasé a formar parte de la familia de Dios. Dios es mi Padre espiritual y disfruto de una relación eterna con Él a través de la preciosa sangre de Jesucristo (véase 1 Pedro 1:18-19). Como hijo de Dios, ¿hay algo que puedo hacer que cambie mi relación con Él? Sé que mucha gente no está de acuerdo en lo referente a la seguridad eterna, pero ese no es el punto principal aquí. Trato de hacer una distinción entre dos temas diferentes: lo que determina si estoy relacionado con otra persona es completamente diferente de lo que determina si vivo en armonía con esa persona.

Sin embargo, hay muchísimas citas bíblicas que apoyan la seguridad de la salvación. Pablo se pregunta en Romanos 8:35: «¿Quién nos separará del amor de Cristo?» A lo que responde: «Ni lo alto, ni lo profundo, ni ninguna otra cosa creada nos podrá separar del amor de Dios, que es en Cristo Jesús Señor nuestro» (Romanos 8:39). Jesús declaró: «Mis ovejas oyen mi voz ... y yo les doy vida eterna; y no perecerán jamás, ni nadie las arrebatará de mi mano» (Juan 10:27-28). Soy un hijo de Dios nacido de nuevo, que vive en unión espiritual con Él por medio de su gracia, la cual he recibido a través de la fe, no por obras. Mi relación con Dios se estableció cuando nací de nuevo y pasé a formar parte de su familia.

> ### Cuando confío y obedezco a Dios, vivo en armonía con Él.

¿Existe algo que uno pueda hacer, o no hacer, que pueda interferir con la *armonía* de mi relación con Dios? ¡Claro que sí! La armonía con Dios se basa en las mismas cuestiones que la armonía con mi padre terrenal: confianza y obediencia. Cuando uno confía y obedece a Dios, vive en armonía con Él. Cuando no se responde correctamente a Dios, la armonía se interrumpe y se refleja en la vida; pero aun así uno sigue siendo su hijo. Yo amo a mi Padre celestial y quiero vivir en armonía con Él, así que me esfuerzo por vivir por fe de acuerdo a lo que Él dice que es verdad. Aun si fallamos en creerle o elegimos caminar según la carne, nuestra relación con Él no está en juego porque estamos relacionados por medio de la sangre de Jesucristo. El hecho de que no vivamos una vida perfecta no significa que no seamos sus hijos. Dios jamás nos deja ni nos abandona.

## La verdad sobre los demás

Saber quiénes somos en Cristo impacta de gran manera nuestra vida y la forma en que vivimos. De la misma manera, lo que creemos sobre los demás afecta nuestras relaciones con ellos. Escribiéndole a la iglesia de Corinto, Pablo declaró en su segunda epístola: «Les tengo mucha confianza y me siento muy orgulloso de ustedes» (2 Corintios 7:4, NVI). ¡Pablo le dijo esto a la iglesia de Corintio a pesar de los problemas que esa iglesia tenía! ¿Era esto solamente para halagarlos? No, lo decía de verdad. Pablo sabía que Dios terminaría el trabajo que había comenzado en los creyentes de Corinto. Nosotros recibimos una consideración especial y positiva de Dios y tenemos el privilegio de extender eso a los demás. «Por tanto, acéptense mutuamente, así como Cristo los aceptó a ustedes para gloria de Dios» (Romanos 15:7, NVI).

Tony Campolo nos cuenta una historia sobre Teddy Stallard. Teddy era un niño poco agraciado y desinteresado en todo cuya madre había fallecido cuando él estaba en tercer grado. Nadie lo quería, ni siquiera su maestra de quinto grado, la señorita Thompson.

Era Navidad y los chicos de quinto grado le habían llevado a la señorita Thompson algunos regalos de Navidad. Apilaron sus regalos en el escritorio y se juntaron alrededor de ella para esperar a que los abriera. Entre los regalos también estaba el de Teddy. La maestra se sorprendió al ver que él también le había llevado un presente. Estaba envuelto en un papel marrón y lo había pegado con cinta adhesiva. Teddy había escrito en el papel: «Para la señorita Thompson, de Teddy». Cuando lo abrió, se encontró con un llamativo brazalete al que le faltaban la mitad de las piedras y una botella de perfume barato.

Los otros niños comenzaron a reírse burlonamente por el regalo de Teddy, pero la señorita Thompson por lo menos tuvo la delicadeza de callarlos poniéndose el brazalete y unas gotas de perfume. Con la muñeca en alto para que los demás niños sintieran el perfume, preguntó: «¿No es riquísimo?» Y los niños, que comprendieron, asintieron con expresiones de halago.

Al final del día, cuando la clase hubo terminado y los demás chicos ya se habían retirado, Teddy se acercó al escritorio y le dijo suavemente a la maestra: «Señorita Thompson, usted huele como mi mamá y el brazalete le queda muy bonito. Estoy muy contento de habérselos regalado». Cuando la señorita Thompson se quedó sola en el aula, se arrodilló y le pidió perdón al Señor.

Al día siguiente, cuando los chicos entraron al aula, una nueva maestra los recibió. La señorita Thompson era una persona diferente. Ya no era simplemente una maestra, sino que se había convertido en un agente de Dios. Ayudaba a los niños, prestaba especial atención a los chicos menos destacados, particularmente a Teddy Stallard. Teddy mostró un progreso impresionante, se puso al nivel de la mayoría de sus compañeros, e incluso superó a algunos de ellos.

Los años pasaron y la maestra no había sabido de Teddy durante mucho tiempo hasta que un día recibió una nota que decía lo siguiente:

Querida señorita Thompson:
    Quiero que sea la primera en saber que me estoy graduando con el segundo mejor promedio de mi clase.
    Con amor, Teddy Stallard.

Cuatro años más tarde, recibió otra nota:

Querida señorita Thompson:
    Me acaban de comunicar que me gradúo con el mejor promedio de la clase y quería que usted fuera la primera en saberlo. La universidad no ha sido fácil pero me gustó.
    Cariños, Teddy Stallard.

Y cuatro años después:

Querida señorita Thompson:
    Le escribe el doctor Theodore Stallard. ¿Qué le parece? Quería que usted fuera la primera en saber que me caso el día 27 del próximo mes. Quiero que asista y que ocupe el lugar que le hubiera correspondido a mi madre. Usted es la única familia que me queda ya que mi padre falleció el año pasado.
    Con amor, Teddy Stallard.

La señorita Thompson asistió a la boda y se sentó junto a Teddy, en el lugar que le correspondía a la madre del novio. Ella merecía estar ahí; había hecho por Teddy algo que él nunca olvidaría.²

En cierta ocasión, un pastor me consultó acerca del proceso de elección de pastores en las iglesias más populosas cuando el pastor principal se retiraba. Me comentó que había mandado sus antecedentes a muchas iglesias, pero no había recibido respuesta hasta el momento. Cuando le pregunté por qué se quería ir de su iglesia, su respuesta fue: «El líder de la denominación me convenció hace unos cuantos años para que fuera candidato en esa iglesia, pensando que yo sería el ideal, pero no es así. Esta iglesia está llena de perdedores».

La iglesia estaba llena de hijos de Dios, no de perdedores. Esto me hace preguntarme qué pensaban los miembros de esa iglesia de su pastor. El querido Ethel Waters solía decir: «Dios no hace chatarra». Es muy importante para nosotros creer quiénes somos en Cristo, pero también lo es percibir a los demás cristianos de la misma forma y tratarlos de acuerdo a lo que son. Si vemos a nuestros hermanos como perdedores, probablemente los trataremos como perdedores. En cambio, si creemos que nuestros hermanos y hermanas en Cristo son santos redimidos, los trataremos como santos y los ayudaremos en gran manera a comportarse como tales.

Cuando Ricky estaba en noveno grado, era el niño más pequeño de la escuela. Pesaba aproximadamente 40 kilos y media apenas 1.51 m, lo que lo convertía en el candidato ideal para la categoría más liviana en el equipo de lucha de la escuela. Ya en la universidad, Ricky comenzó a entrenar como competidor de peso ligero, y cuando uno de los chicos se fue, pasó a formar parte del equipo que representaba a la universidad. El primer año de Ricky en el equipo no fue nada espectacular; de seis encuentros que disputó, lo dominaron seis veces.

Pero Ricky tenía un sueño que parecía imposible de cumplir: convertirse algún día en merecedor de la insignia de la universidad y tener la chaqueta emblemática. Una de las razones por las que esto parecía imposible era el precio de la chaqueta; costaba 100 dólares y Ricky no los tenía y además su posibilidad de ganar la insignia parecía muy remota.

Cada vez que Ricky hablaba de su sueño de ser merecedor de la insignia, la mayoría de sus amigos y compañeros de equipo se reían. Sin embargo, Ricky persistía. Diariamente, luego de las clases, iba al gimnasio de la escuela donde se esforzaba para desarrollar su fuerza o corría las gradas del estadio a fin de incrementar su resistencia, o entrenaba en el salón de lucha tratando de mejorar su técnica.

La única persona que creía firmemente en Ricky era su abuela. Cada vez que lo veía, le decía que siguiera enfocado en su meta, y le citaba Filipenses 4:13: «Todo lo puedo en Cristo que me fortalece».

La abuela de Ricky falleció el día anterior al comienzo de la temporada. Ricky estaba devastado. Su abuela nunca sabría si él cumpliría su sueño.

Esa temporada, los oponentes de Ricky se encontraron con una persona nueva. Esperaban victorias fáciles, sin embargo no fue así: Ricky ganó nueve de los diez primeros encuentros que disputó.

A mitad de la temporada, el técnico lo llamó a su oficina y le informó que recibiría la insignia. ¡Ricky estaba feliz! Lo único que le faltaba para completar su felicidad era compartir este momento con su abuela. ¡Si ella estuviera allí!

El entrenador sonrió y le dio un sobre dirigido a Ricky, con la letra de su abuela. Lo abrió y leyó:

Querido Ricky:

¡Yo sabía que lo lograrías! Por eso separé $100 para comprarte la chaqueta y ponerle tu insignia. Espero que la uses con orgullo y que siempre recuerdes que todo lo podemos en Cristo que nos fortalece.

Felicitaciones.

Tu abuela.

Al tiempo que terminó de leer la carta, el entrenador se le acercó y sacó una chaqueta nueva con la insignia de la universidad y el nombre de Ricky bordado en ella. Ricky comprendió que su abuela estaba confiada en que él lograría su meta.[3]

> **PODEMOS SER PARTE DEL EQUIPO DE CONSTRUCCIÓN DE DIOS O UN MIEMBRO DEL EQUIPO DEMOLEDOR DE SATANÁS SEGÚN EL USO QUE DEMOS A NUESTRAS PALABRAS.**

Hay un versículo de la Biblia que si uno pudiese aprendérselo y no violarlo, muchos de nuestros problemas desaparecerían de nuestros hogares e iglesias. Ese versículo es Efesios 4:29 (NVI): «Eviten toda conversación obscena. Por el contrario, que sus palabras contribuyan a la necesaria edificación y sean de bendición para quienes escuchan». Tenemos la posibilidad de edificar a otros con lo que les decimos. Podemos ser parte del equipo de construcción de Dios o un miembro del equipo demoledor de Satanás según el uso que demos a nuestras palabras. Podemos ser de bendición o de maldición para los demás.

## PECADORES EN LAS MANOS DE UN DIOS FURIOSO

Cuando estaba en octavo grado, teníamos un programa escolar llamado Día de Instrucción Religiosa. Cada martes, las últimas clases terminaban antes de hora para que pudiéramos asistir a la iglesia que eligiéramos en la última hora del día. No era religión forzada porque podíamos elegir ir al salón de estudio en vez de ir a la iglesia. Yo iba a la iglesia que había elegido mi madre. Un bello día de otoño decidí pasar por alto el Día de Instrucción Religiosa. Jugué en el parque y regresé a tiempo para alcanzar el autobús que me llevaba a casa. Creí que me había salido con la mía.

¡Pero no fue así! El director me llamó a su oficina y me dijo: «He arreglado todo para que vayas a tu casa el jueves y viernes». Yo estaba sorprendido. ¡Había sido suspendido dos días de la escuela por no haber cumplido con el día de instrucción religiosa! No quería ver a mis padres, y el viaje de regreso a casa fue terrible. Incluso pensé hacerme el enfermo o esconderme en el bosque. No podía llevar a cabo estos pensamientos; tenía que enfrentar a mis autoridades, pero no era algo que estaba ansioso de hacer. Fui primero a ver a mi madre porque sabía que ella tendría algo de misericordia conmigo, y le dije: «Mamá, me suspendieron en la escuela porque no cumplí con el Día de Instrucción Religiosa». Al principio parecía sorprendida pero luego sonrió y me dijo: «Ah, Neil, me olvidé de decírtelo. Yo llamé a la escuela para pedirles que te dejaran quedarte en casa el jueves y el viernes para que nos ayudaras en la cosecha de maíz».

Si yo hubiera sabido eso, ¿hubiera tenido tanto temor de enfrentar a mis padres? ¿Ese viaje de regreso a casa habría sido tan miserable? Por supuesto que no, pero yo no sabía que esos días en casa estaban justificados. Así es como muchos cristianos viven su vida; viven como si caminaran sobre vidrio. No pueden cometer ningún error porque si lo hacen el martillo de Dios caerá sobre ellos.

Querido lector cristiano, el martillo ya cayó. Golpeó a Cristo. Él murió por nuestros pecados (véase Romanos 6:10). No somos pecadores en manos de un Dios enfadado; somos santos en las manos de un Dios amoroso que nos ha llamado a acercarnos a Él «con corazón sincero, en plena certidumbre de fe, purificados los corazones de mala conciencia, y lavados los cuerpos con agua pura» (Hebreos 10:22).

> Pues por medio de él tenemos acceso al Padre por un mismo Espíritu ... En él, mediante la fe, disfrutamos de libertad y confianza para acercarnos a Dios (Efesios 2:18; 3:12, NVI).

Si hubieras sabido la verdad, hubieras corrido a los brazos de tu Padre celestial.

Algunos líderes cristianos creen que deben enfatizar el lado pecador de nuestra naturaleza humana como una forma de motivarnos a vivir en rectitud. Con todo respeto, no estoy de acuerdo. Cómo podemos motivar por medio de la culpa si «ya no hay ninguna condenación para los que están unidos a Cristo Jesús» (Romanos 8:1). Cómo podemos motivar por medio del miedo si «Dios no nos ha dado un espíritu de cobardía, sino de poder, de amor y de dominio propio» (2 Timoteo 1:7). Creo que debemos decirles a todos la verdad sobre quiénes son en Cristo y motivarlos a vivir conforme a eso. Para darles un ejemplo, quiero concluir este pequeño libro con el testimonio de un misionero:

> Si bien he sido cristiano por muchos años, nunca había entendido completamente el perdón de Dios ni mi herencia espiritual. Durante años he estado luchando con un pecado en particular. Estando en el seminario bíblico comencé con esta terrible práctica y realmente pensaba que este infierno en vida no terminaría jamás. De no haber pensado que hacerlo era pecado, me hubiera suicidado. Sentía que Dios me había abandonado y que yo estaba destinado al infierno porque no podía vencer ese pecado. Me odiaba y me sentía un fracasado.
>
> El Señor me guió a comprar su libro *Victoria sobre la oscuridad*. Me sentí como un cristiano nuevo, como si hubiera nacido de nuevo. Mis ojos están ahora abiertos al amor de Dios y me he dado cuenta de que soy un santo que había elegido pecar. Al fin puedo decir que soy libre, libre de la esclavitud que me ataba a Satanás, y consciente de las mentiras con las que me tenía engañado.
>
> Yo me confesaba a Dios y le rogaba que me perdonara, pero luego de eso caía más profundamente en las manos de Satanás sencillamente porque no podía aceptar el perdón de Dios y no podía perdonarme a mí mismo. Siempre pensé que la respuesta

yacía en un acercamiento a Dios, pero yo iba a Él confundido, creyendo que era un pecador que no merecía ser amado. ¡Eso ya no me sucede! A través de las Escrituras y la forma en la cual usted me ha demostrado esta verdad, ya no soy un cristiano vencido, sino que vivo en Cristo, que estoy muerto al pecado, y que soy esclavo de la justicia. Ahora vivo por fe de acuerdo a lo que Dios dice que es verdad. El pecado ya no tiene poder sobre mí. Satanás ha perdido su poder sobre mí.[4]

## Profundicemos más

1. ¿Qué es la gracia?
2. ¿Qué sucedió el día que nacimos de nuevo?
3. ¿Por qué es tan importante la forma en la que vemos a los demás?
4. ¿Cuál es la diferencia entre vernos como pecadores en las manos de un Dios furioso y vernos como santos en las manos de un Dios amoroso? ¿Cómo afecta esto nuestra relación con Dios?

# Epílogo

Durante años, el Freedom In Christ Ministries [*Ministerio Libertad en Cristo*] ha ayudado a mucha gente alrededor del mundo a descubrir quiénes son en Cristo. Ha sido nuestra oración que el mensaje de este libro lo ayude a derribar cualquier imagen negativa que tenga de usted mismo. La verdad ha de situarlo en el camino que le permitirá ser todo aquello para lo que el Señor lo creó. Mientras aprendamos a permanecer en Cristo, llevaremos buenos frutos.

No obstante, muchos escuchan el mensaje de su identidad y posición en Cristo pero no lo llegan a comprender. Por alguna razón, simplemente no parecen conectarse con Dios. Existe una buena razón para esto. Escribiéndole a la iglesia de Corinto, Pablo dijo: «Os di a beber leche, y no vianda; porque aún no erais capaces, ni sois capaces todavía, porque aún sois carnales; pues habiendo entre vosotros celos, contiendas y disensiones, ¿no sois carnales, y andáis como hombres?»

(1 Corintios 3:2-3). Pareciera entonces que para poder recibir las buenas nuevas de su identidad y lugar en Cristo, los cristianos deben resolver sus conflictos de celos y contiendas. Sabemos por experiencia que esto es absolutamente cierto.

Es por ello que el Ministerio Libertad en Cristo ha ayudado a mucha gente de todos los países del mundo a resolver sus problemas personales y espirituales por medio de un genuino arrepentimiento y fe en Dios. La herramienta que nosotros utilizamos se titula *Los pasos hacia la libertad en Cristo*, y se puede adquirir en muchas librerías cristianas o en nuestras oficinas. Muchos cristianos pueden trabajar en el proceso por su cuenta. Sin embargo, muchos no pueden hacerlo solos y necesitan la ayuda de un buen pastor o consejero. Para conocer más sobre cómo ministrar estos *Pasos* lean el libro *Asesoramiento que discipula* escrito por Neil (Editorial Unilit, 1998).

Ayudar a los cristianos a hallar la libertad en Cristo requiere una respuesta integral de nuestra parte, lo que significa que debemos someternos a Dios y resistir al diablo (véase Santiago 4:7). También requiere una comprensión e inclusión intencional de Cristo y del Espíritu Santo en el proceso. Dios es el consejero maravilloso y el gran médico. Sólo Él puede restaurar los corazones rotos y liberar a los cautivos. Él es quien concede «que se arrepientan para conocer la verdad» (2 Timoteo 2:25). El asesoramiento discipulador ha demostrado ser altamente efectivo. Se han realizado estudios al respecto en varias iglesias en colaboración con nuestras conferencias Vivamos Libres en Cristo. Los participantes fueron aquellos que solicitaron ayuda luego de escuchar el mensaje, que en parte es el que se ha expuesto en este libro. Ofrecimos una sesión de consejería con un consejero capacitado, y tres meses después un estudio al respecto arrojó los siguientes resultados:

Mejoras en 57% en casos de depresión
Mejoras en 54% en casos de ansiedad
Mejoras en 49% en casos de miedo

Mejoras en 55% en casos de ira
Mejoras en 50% en casos de pensamientos tormentosos
Mejoras en 53% en casos de hábitos negativos
Mejoras en 56% en la autoimagen

Los cristianos se conectan con el amoroso Padre celestial cuando han solucionado sus conflictos personales y espirituales. Cada testimonio que usted ha leído en este libro ha sido producto de este proceso de arrepentimiento. Usted también puede encontrar la libertad en Cristo a través de un verdadero arrepentimiento y fe. Cuando lo haga, su Biblia cobrará vida y usted crecerá en la gracia de Dios. Que nuestro buen Señor le otorgue ese arrepentimiento.

Neil y Dave

**Para obtener mayor información sobre material
y conferencias, escribir a:**
Freedom in Christ Ministries
9051 Executive Park Drive, Suite 503
Knoxville, TN 37923
Teléfono: (865) 342-4000
Fax: (865) 342-4001
Correo Electrónico: info@ficm.org
Sitio en el Internet: www.ficm.org

# NOTAS

**Capítulo 1**
1. Stephen Knight, «Steroid free-for-all? Maybe», *sportsnet.ca*, 18 de Noviembre de 2002, www.sportsnet.ca/nfl/story/10376258592676.shtml, (7 de marzo de 2003).
2. William Ernest Henley, «In Memorium R. T. Hamilton Bruce (Invictus)», 4.
3. Dave Dravecky, *When You Can't Come Back*, Zondervan Publishing House, Grand Rapids, MI, 1992, p. 125.
4. Ibíd, p. 126.
5. David Meyers, citado en *Psichology and Christianity*. Eric L. Johnson y Stanton Jones Editores. InterVarsity Press, Downers Grove, IL, 2000, p. 63.

**Capítulo 2**
1. Fuente desconocida.
2. Fuente desconocida.
3. John Eldredge, *The Journey of Desire*, Thomas Nelson Publishing, Nashville, TN, 2000, p. 9.
4. Josh McDowell, *His Image, My Image*, Here's Life Publishing, San Bernardino, CA, 1984, p. 33.

5. Paul Tillich, *Shaking the Foundations*, Peter Smith Publishing, New York, 1990.

## Capítulo 3
1. Robert Jay Morgan, *More Real Stories for the Soul*, Thomas Nelson, Nashville, TN, 2000), p. 134.
2. Jim Burns, *No Compromise*, Regal Books, Ventura, CA, 2001, p. 28.
3. Neil Anderson y Rich Miller, *Freedom from Fear*, Harvest House Publishers, Eugene, OR, 1999.
4. Ibíd, p. 259.
5. Neil Anderson y Hal Baumchen, *Finding Hope Again*, Regal Books, Ventura, CA, 1999.
6. Neil Anderson, *Who I Am in Christ*, Regal Books, Ventura, CA, 2001, p. 278.

## Capítulo 4
1. Robert Jay Morgan, *More Real Stories for the Soul*, Thomas Nelson, Nashville, TN, 2000, p. 147.
2. Ibíd, pp. 147-149.
3. Ibíd, p. 149.

## Capítulo 5
1. Neil Anderson y Robert Saucy, *God's Power at Work in You*, Harvest House Publishers, Eugene, OR, 2001, pp. 25-27.
2. La confrontación con la justicia y santidad del Señor generalmente trae aparejado un profundo conocimiento de nuestra condición pecadora. Pedro se reconoce ante el Señor como un «hombre pecador» y esto no es inusual entre los santos (Lucas 5.8; véanse también Génesis 18.27; Job 42.6; Isaías 6.5; Daniel 9.4-5). El creyente es pecador, pero las Escrituras parecen no definir la identidad del creyente como pecador.
3. John Stott, *God's Good News for the World*, InterVarsity Press, Downers Grove, IL, 1994, p. 187.
4. Ibíd.

## Capítulo 7
1. Para una mayor comprensión de estos términos y sobre la doctrina de la santificación, lea *God's Power at Work in You* de Neil Anderson y Robert Saucy, Harvest House, Eugene, OR, 2001.

2. E. K. Simpson y F. F. Bruce, *Commentary on the Epistles to the Ephesians and the Colossians*, Grand Rapids, Eerdmans, MI, 1957, p. 273.
3. Anthony A. Hoekema, *Created in Gods's Image*, Eerdmans/Paternoster, Grand Rapids, MI, 1986, p. 110.

## Capítulo 8
1. Wayne Rice, *More Hot Illustrations for Youth*, Zondervan Publishing House, Grand Rapids, MI, 1995, pp. 142-143.
2. Anthony Campolo, *Who Switched the Price Tags?*, Word Publishing, Dallas, TX, 1987, pp. 67-72.
3. Wayne Rice, *More Hot Illustrations for Youth*, pp. 75-77.
4. Correspondencia personal de Neil Anderson, fecha desconocida.